暴力を考える
キリスト教の視点から

前島宗甫〔編著〕
関西学院大学共同研究「暴力とキリスト教」研究会〔編〕

関西学院大学出版会

暴力を考える
キリスト教の視点から

まえがき

　関西学院大学キリスト教と文化センターは、キリスト教と現代世界が直面する諸課題を、総合的に研究する機関として 1997 年に創設された。以来、同センターは生命科学と倫理、戦争と平和など、多くの問題領域において講演と研究会活動を展開し、それらの成果を内外に公表してきた。このような研究活動と連携して、2001 年度に研究プロジェクト「暴力とキリスト教」が組織され、さらに 2003 年度大学共同研究（代表：前島宗甫・キリスト教と文化研究センター教授）へと展開された。そして今回、これまでの共同研究の成果として本書が刊行される。

　本書は三部八篇の論文から成り立つ。第Ⅰ部の二篇はイラク戦争と靖国問題に関する考察で、第Ⅱ部は旧新約聖書における暴力観の三篇、そして第Ⅲ部に収録された三篇では、暴力に関する哲学的考察、その定義、ガルトゥングによる構造的理解などが論じられている。

　21 世紀に入った今、世界はさまざまな暴力に満ちているが、その最も生々しい姿が戦争である。独裁を打倒して「平和」と「自由」を樹立するためには戦争もやむなし、そう宣言して 03 年、アメリカのブッシュ政権はイラク戦争に踏み切った。栗林の論考（第 1 章）はこのイラク戦争を、キリスト教の「正戦論」の規範に照らして、その是非を論じるものである。

　次に前島の論文（第 2 章）は、これも戦争という暴力行為に関係した、現代東アジアのホットな問題、靖国神社を取り扱っている。最近の小泉首相の同神社参拝問題は、中国や韓国をはじめ近隣アジア諸国に、先の戦争の歴史認識について深い疑念を招くことになった。いや、それだけではない、同神社の国家護持要請は戦後日本の民主主義において、政教分離の近代原則を遵守しえるかいなかの重大な試金石にもなっている。

　第Ⅱ部は、新進気鋭の聖書学者が暴力に切り込んだ三篇である。旧約学の水野（第 3 章）は、ヘブライ語聖書の「選民」の思想を取り上げ、「暴力を乗り越えるため」これまでの聖書の読みを脱構築し、そうすることによって、現代に蔓延する排他的暴力主義の構造に切り込んで、原理主義の批判的超克を試みる。それは、神の名を唱えることによって独善的な「正義」と暴力が正当化されるとき、聖典を暴力廃絶に向けて再解釈することが急務になった、と考えるためである。

　新約学専攻の嶺重（第 4 章）は、福音書テキストを詳細に分析することによって、イエスの非暴力観を明らかにする。暴力そのもののラディカルな断念をイエスは求めた。いや、彼はたんなる非暴力を求めたのではなく、暴力の罪悪性をあばきだし、

暴力そのものを無化しようとした。嶺重はイエスが非暴力を貫いたことを、姦淫の女の物語や愛敵の教えの聖書解釈によって実証的に論証する。

　同じく新約学の辻の論文（第5章）は、イラク報復に反対するキリスト教団体の声明を手がかりに、暴力反対の論拠を、聖書学的に検証しようとするユニークな試みである。パウロはイエスの愛の思想をどう具体的に実践しようとしたか。「復讐は神に委ねよ」という思想は終末論的で、社会構造の巨悪に対する告発、「怨嗟」の民衆的表現となりうる。そうした聖書の論証はヤコブ書研究の第一人者である筆者の手によって説得的である。

　第三部の平林論文（第6章）は、宗教と暴力の関係を宗教哲学的に問う秀作である。平林は、宗教とは何かをデュルケームやフロイトに言及した後、ジラールの「欲望のミメーシス」を批判的に紹介する。はたしてキリスト教だけが「非供犠的宗教」かには論者も異論がある。しかし宗教とは禁止とスケープゴートを通じた、共同体維持のメカニズムであって、その意味で宗教の誕生は「暴力」そのものにあるという論旨は挑発的である。

　次に舟木（第7章）が論じるのは、現代の「優生」思想に潜む暴力性である。舟木は、国家のみならず、政治、宗教、文化、差別といったさまざまな現代地平に広がる「暴力」の現実を踏まえた上で、ソレル、ベンヤミンの古典的「暴力論」を経由して、エリクソンのアイデンティティ論を展開する。そして社会ダーウィニズムの亜種たる優生思想を批判し、「正当化された」われわれの内なる「暴力」の克服こそ、共生社会への一歩なのだと論を張る。

　最後の中道の論考（第8章）は、平和を、「戦争のない状況」から拡げ、構造的暴力の克服までを包摂したガルトゥングに依拠して、グローバル時代の暴力の実相を分析する。そしてWCC（世界教会協議会）の平和構築の流れを追い、「暴力克服のためのエキュメニカルの十年」を取り上げて、キリスト教がもつ「暴力」の問い直しをも試みる。中道が訴えるのは、現代にあって暴力の克服には、諸宗教、諸文化のネットワークが不可欠だということである。

　以上、本書の構成と内容の一端を見てきたが、執筆者の全てはセンターに関係する関西学院の大学人で、多くは次世代をリードする有為な中堅研究者ばかりである。センターは現在、日本におけるキリスト教平和学の情報発信の中核となる営みを重ねているが、本書の発刊がこの構想を下支えし、次のプロジェクトへの確実な一歩になることを期待したい。

執筆者を代表して
栗　林　輝　夫

執筆者紹介（執筆順）

前島宗甫（まえじま・むねとし）
1937年生まれ、関西学院大学キリスト教と文化研究センター教授
キリスト教学、実践神学、平和学。日本キリスト教協議会、アジアキリスト教協議会、世界教会協議会などの経験から幅の広いエキュメニズムに関心をもつ。

栗林輝夫（くりばやし・てるお）
1948年生まれ、関西学院大学法学部教授・宗教主事
専攻は組織神学。現代神学の諸潮流、とくに解放神学、政治神学、民衆神学などに関心がある。また欧米に拠らない日本の神学の構築にも興味がある。

水野隆一（みずの・りゅういち）
1963年生まれ、関西学院大学神学部教授
ヘブライ語聖書（旧約聖書）テクストの文芸批評的解釈を専門にしている。最近はことに、テクストの中にある《複数の声》を聞き分ける、脱構築に関心がある。

嶺重　淑（みねしげ・きよし）
1962年生まれ、関西学院大学神学部専任講師
専攻は新約聖書学。とくにルカ文書（ルカ福音書と使徒言行録）に関心をもち、ルカの神学思想を研究対象にしている。

辻　　学（つじ・まなぶ）
1964年生まれ、関西学院大学商学部助教授・宗教主事
専攻は新約聖書学。主に1世紀後半から2世紀前半にかけて成立した初期キリスト教偽名文書を研究の対象としている。

平林孝裕（ひらばやし・たかひろ）
1963年生まれ、関西学院大学神学部助教授
宗教哲学を専門分野とし、キェルケゴールの宗教思想・宗教批判から《主体と超越の関係》を考究している。あわせてカール・バルトほか二十世紀の神学に関心をもつ。

舟木　譲（ふなき・じょう）
1961年生まれ、関西学院大学経済学部助教授・宗教主事
専攻は宗教哲学。キェルケゴールの思想から人間にとっての《宗教性》に関する問題を研究。また、その思想から現代社会の人権に関する諸問題を考察することにも関心をもつ。

中道基夫（なかみち・もとお）
1960年生まれ、関西学院大学神学部助教授
専攻は実践神学。説教学、礼拝学に携わり、特に《礼拝のインカルチュレーション（文化内開花）》を研究。

＊聖書の引用は、原則として、新共同訳聖書（日本聖書協会）によった。
また、新約聖書からの引用は、以下の略号によって示した。

マタイ：	マタイによる福音書
マルコ：	マルコによる福音書
ルカ：	ルカによる福音書
ヨハネ：	ヨハネによる福音書
使徒：	使徒言行録
ローマ：	ローマの信徒への手紙
Ⅰコリント：	コリントの信徒への手紙一
ガラテヤ：	ガラテヤの信徒への手紙
コロサイ：	コロサイの信徒への手紙
ヘブライ：	ヘブライ人への手紙
ヤコブ：	ヤコブの手紙
Ⅰペトロ：	ペトロの手紙一
黙示録：	ヨハネの黙示録

目　次

まえがき ……………… 3
執筆者紹介 ……………… 5

第Ⅰ部　現代の暴力と宗教 …………… 9

第1章　「ブッシュの戦争」とキリスト教の正戦論
　　　──対イラク戦争は正しい暴力行使だったか？　　栗林輝夫　11

第2章　国家と宗教──靖国神社の場合　　前島宗甫　35

第Ⅱ部　キリスト教と暴力──聖書の視点から ………… 55

第3章　「選民」と暴力──ボーダーの内と外　　水野隆一　57
第4章　イエスの非暴力　　嶺重　淑　75
第5章　復讐するのは神──新約聖書と暴力　　辻　学　89

第Ⅲ部　暴力克服への摸索──キリスト教の視点から ……… 113

第6章　人間の欲望とキリスト教
　　　──ルネ・ジラールを手がかりに　　平林孝裕　115

第7章　暴力の根底にある思い ── 優生思想という「暴力」　舟木　讓　133
第8章　暴力の克服とキリスト教　　中道基夫　147

索　引 ………… 162

第Ⅰ部 現代の暴力と宗教

I

第1章 「ブッシュの戦争」とキリスト教の正戦論
——対イラク戦争は正しい暴力行使だったか？

栗林輝夫

1 はじめに——なぜ今「正戦論」なのか

　「世界の平和とイラク国民の自由のために、私はここに〈イラクの自由〉作戦の実行を命じる。将兵に神の祝福がもたらされんことを！」——2003年3月20日、ジョージ・W・ブッシュ米大統領とその戦争内閣は、サダム・フセイン政権を打倒すべく、対イラク戦争を先制攻撃でもって開始した[1]。同日未明、米軍はバクダット近郊を空爆し、それに呼応して夜には地上の戦闘が開始された。2001年の9.11同時多発テロ事件以後、アメリカはイラクを、平和を脅かすテロリストの温床としてみなして敵視し続けた。すなわち独裁者フセインは自由世界の安全にとってきわめて危険な存在であり、彼を取り除くこと以外に中東に平和はない。イラクは大量破壊兵器を備蓄し、9・11事件の首謀者ウサマ・ビン・ラディン率いる国際テロリスト集団アルカイダを背後で操っている。このことのゆえに、イラクに侵攻してフセイン政権を打倒し、独裁下に苦しんできた国民を解放する戦いに、国際社会は決起しなければならない。イラク戦争には大義名分がある、それは正当な理由をもった自由への戦いである、と。

　本稿は、米英軍ならびにそれを支援する有志連合を主軸にした対イラク戦争を、「正戦論」（Just War Theory）のキリスト教伝統に照らして検証しようとするものである。これまでイラク戦争を、アメリカの覇権主義や軍事力学、政治や経済的利害の観点から論じたものは数知れない。戦

注1：イラク戦争は、01年9・11同時多発テロ事件で、アメリカ本土攻撃の脅威に晒されたと考えるブッシュ米政権の強力な主導のもとに行なわれた。アメリカは「ブッシュ・ドクトリン」を唱えて、テロリストを支援する国、ないし地域を先制攻撃し、政権を打倒していく積極戦略を採用。2003年3月、米英軍は圧倒的軍事力でもってフセイン政権を崩壊させ、5月1日に米大統領の終結宣言によって終わった。しかしその後、イラク占領統治軍に対するイスラム急進派の攻撃や住民の抵抗が多発し、アメリカ軍の死傷者数は、戦争時を上回るものとなった。

争は中東におけるアメリカの将来的プレゼンスに絶対不可欠な戦いであったとか、イスラエルとの政治同盟を維持するアメリカの地政学的紛争、あるいは端的に石油利権確保のための米資本の争奪戦、といった議論はずいぶんとなされた。しかしこれまで日本では、ジャーナリズムでも政治の世界でも、「ブッシュの戦争」を、キリスト教の戦争論から論じたものはほとんど無かった。なるほど21世紀も始まったというのに、古色蒼然とした神学に照らして、戦争をあれこれ論じるまでもない、と考える人も多いだろう。騎士団が名乗りをあげて槍を交えるヨーロッパ中世ならともかく、核を含む総戦力戦の色合い濃い現代で、この戦争は神学的に正しい、あの戦争はキリスト教的に誤りだと論じるのは時代錯誤もはなはだしい、と。

しかしイラク戦争が始まった前後のアメリカ、イギリス、欧州各国で、少なからぬ議論を巻き起こしたのは、この戦争が、はたしてキリスト教的基準に照らして正しいと言えるかどうか、だった。熱心な福音派キリスト教信者と知られるブッシュ大統領は[2]、「正義と自由のための戦い」を唱えて、アメリカ国民の9割を占めるキリスト教徒に、戦争がキリスト教信仰によっても正しい、という主張を再三再四ホワイトハウスから訴えた。いや実際、キリスト教の正戦論は神学校だけでなく、今日でもアメリカの軍事大学で正課のひとつとして教えられている科目であり、その基本的原理は、戦争や捕虜の処遇を規定するジュネーヴ条約など、数々の国際法規の背景にもなってきた。

たしかに第二次世界大戦後、アメリカとソビエトの超二大国家が対峙していた冷戦時代、伝統的キリスト教の正戦論は色褪せ、国際社会でも傍らに押し遣られた観があった。現代の戦争に道徳基準の介在する余地はない、必要なのは力であり、勝利した者が正しい――そうした「勝てば官軍」のパワーポリティクスの論理が幅を利かせた[3]。戦争は軽々しく神学的に聖化されるものであってはならな

注2：ジョージ・W・ブッシュ大統領はメソジスト教会所属ながら、熱心な福音派（エヴァンジェリカル）のプロテスタントで、自他共に認める「ボーン・アゲイン」のクリスチャン。「好きな政治学者はイエス・キリスト」と応えたこともあるブッシュは、同性愛禁止、人工妊娠中絶反対などを唱え、イスラエルを前面支援する宗教右派（またはキリスト教右派）のバックアップによって、2000年、2004年の二度の大統領選挙に勝利した。イラク戦争では、改革派キリスト教の戦争神学に傾斜し、善と悪との闘争、神に護られたアメリカ、といった宗教的レトリックでもって、国民に戦争支持を訴えた。

注3：国際政治の本質は国家間の闘争にあるとする考え方を、パワーポリティックス（権力政治）と呼ぶ。国家は軍事力を含め、あらゆる力の手段を駆使してのみ、国益と権力維持、領土保全を確保しえるという見方に立ち、国家間の紛争処理の仕方として戦争をも承認。戦前のナチス・ドイツや日本の軍事対外膨張、戦後の米ソ冷戦、アメリカのヴェトナム戦争、ソビエトのアフガニスタン侵攻など、そうした戦火の背後には常にパワーポリティックスな発想があって、今日に引き継がれている。

いのは勿論である。ディートリッヒ・ボンヘッファー[4]は、戦争はキリスト教倫理でも、「限界情況」（Grenzfall）における例外としてのみ論じられるべきだと警告した。ボンヘッファーは第二次世界大戦中、ナチズムに反対して、絶対平和主義から非暴力抵抗運動、さらには暴君暗殺へと転じて、ヒトラーの暗殺計画に連座し処刑された神学者・牧師である。そんなボンヘッファーでさえ、軽々しく暴力を容認する議論をすべきではない、戦争を宗教的に正義づけてはならないと、釘をさしたのである。

しかし本稿の筆者は、今日イラク戦争をキリスト教規範に照らして検証することは、決して無駄ではないと考える一人である。キリスト教の正戦論はただキリスト教の世界だけでなく、戦争の是非をめぐる今日一般社会の議論にも、少なからぬ洞察を示しえる。少なくとも「正しい戦争」の基準を吟味することによって、戦争がもたらす否定的面をいっそう深く認識し、そのことをもって一国の政府が軽々しく他国の戦争を支持したり、あまつさえ平和維持活動と称して軍隊を派遣したりする事態に、一考の余地あることを論証しえると思うのである。

以上を踏まえ、本稿はまず（1）キリスト教の伝統的「正戦」論の成り立ちを概観し、次に（2）正戦論の内容を解説し、そして最後に（3）今回のイラクへの米英連合軍の攻撃、ならびに有志連合の支援をそうした規範に照らして是非の検証を行なうことにしたい。

2 戦争とキリスト教の諸伝統

キリスト教には戦争に対して四つの異なった伝統的見解がある。正戦、聖戦、平和主義、現実主義である[5]。このなかでアウグスチヌス以来のキリスト教で主流を占めてきたのは、戦争もときには止むなしとする「正戦論」のロジックである。

注4：ディートリッヒ・ボンヘッファー（1906-1945）は、ナチス政権に抵抗したドイツ告白教会の牧師・神学者。36年のヒトラーによる政権掌握を契機に、ドイツ教会闘争に参加、43年に逮捕されてテーゲル刑務所に収監された。45年にフロッセンベルグにて処刑。刑務所時代に書きとめた獄中書簡が戦後になって発表され（『抵抗と信従』『キリスト教倫理』など）、世界のキリスト教思想に大きな影響を与えた。

注5：「正戦」の論理が、戦争の予防と制約に関心を払うのに対して、「聖戦」は、特定の戦争が神によって直接的に望まれ意図されたとの立場である。キリスト教歴史学者（たとえばJ.T.ジョンソン）は、正戦の理性的論理がいつのまにか、敵の破壊を神が意思するという、聖戦の熱狂的レトリックに吸収されてきた歴史の数々を指摘する。敵の殲滅を神の意思と考えれば、そこでは、古典的正戦論に込められた戦闘範囲の限定や、道徳的思慮、理性的な制約は霧散し、聖戦は制限なき破壊に赴く傾向をもつ。「平和主義」には、絶対平和主義から正戦的平和主義まで、いくつ

かのケースがある（J.Yoder, *Nevertheless* 1971）。最後の「現実主義」には、「客観・中立的」分析を要とするプラグマティストと還元主義者の二者の立場がある。還元主義者は、さまざまな虚飾を取り除けば、ひっきょう戦争とは国家が、自己利潤の防衛ないし拡大のためにするものであって、正義の戦争も聖なる戦争もありえない、との理解をもつ（たとえば後述の湾岸戦争は、正戦や聖戦ではなく、中東におけるアメリカの利権を防衛する戦いであって、道徳的、宗教的意義付けはレトリックにすぎない）。他方、プラグマティストの方は、戦争には無数の要素が関係し、還元主義のような単純にひとつの動機や原因に引き下げられえないことを主張する。

　キリスト教はその成立時、いかなる争いもしないという平和主義に立っていたと言っていい。キリスト教徒は、「剣をさやに納めよ。剣を取る者は皆、剣で滅びる」（マタイ6:52）というイエスの言葉を、紛争における行動規範としてそのままに受け取った。「あなたの敵を愛せ」という愛敵の教え（マタイ5:44）や、「悪人に手向かうな」（同5:38）、「あなたの頬を打つ者には、もう一方の頬をも向けよ」（ルカ6:29）といった聖書の言葉に依って、おおむね無抵抗主義、あるいは消極的な平和主義の立場をとったのである。しかしこれは、ローマ帝国がキリスト教に改宗する以前の特殊な事情下のことで、これを根拠に、キリスト教はすべからく絶対平和主義をとらねばならない、という主張には多くの異論がおこってくる。それはその後の時代環境が著しく異なるからで、二千年前のローマ帝国皇帝は、キリスト教徒にとっては、迫害を加える危険きわまりない存在であり、皇帝が命じる戦争に正しい戦争がある、などとは到底考えられなかったのである。加えてローマの軍隊では兵士ひとりひとりに皇帝崇拝が強要され、そこにキリスト教徒が参加することは、聖書的神への違反、重大な偶像崇拝の行いと考えられた。「異教徒」のローマ皇帝がする戦争に、正義の戦争などひとつとしてなかったのである。

　キリスト教に正戦論が誕生するのは、キリスト教が国教となったローマ帝国下においてである。キリスト教はもはや少数者の宗教ではなくなり、キリスト教国家を統治する皇帝、君主が、いかにして社会の治安を維持し、国家の安全を保全するかは重大な問題であり、神学者はそうした現実に信仰的な処方箋を与えねばならなくなった。どうすれば、福音書に証された、キリストの非暴力と平和の教えを守りながら、皇帝は責任ある統治ができるのか。領主はいかにして暴力の要素を最小限に抑えつつ、領土の保全を計って外敵の侵略を阻止すべきなのか、そうしたことがらが切実な問題となったのである。

アウグスチヌスはこうした統治と暴力の関係問題と格闘した最初の神学者の一人だった[6]。アウグスチヌスは戦争を論じるにあたり、旧約聖書の「目には目、歯には歯をもて償う」（レビ記 23:20）の文言を、暴力の限定、無制限な報復の禁止として再読した。かれによれば、唯一弁護しえる戦争、公的な暴力の行使は、「目には目」のみの最小必要限にとどめ、かつ双方がそれに満足して公平と平和がもたらされるべきものだった。中世の神学者トマス・アクィナスもこの点は同じで、戦争という暴力が正当化されうるのは、敵味方を問わず、戦争以前に倍する善が普遍的にもたらされる場合にかぎられた。戦争の目的はあくまで平和と正義をもたらすことにあり、アクィナスにとって戦争は、戦乱の損失を上回る善がもたらされるのでなければ、絶対してはならないものだった。面白いことにアクィナスは、個人のレヴェルでは、暴力は自己防衛といえども正当化されえないと教えている。たとえば人は暴漢に襲われたとき、力でもって反撃すべきではない。しかし誰かが暴漢に教われているとき、それを助けるための暴力であればしてもいい。これらは現代には不合理に聞こえるかもしれないが、ポイントは、個人における暴力であれ、国家による戦争であれ、いずれも戦闘は最小限、やむをえない場合にかぎられるということである。

以上が古代から中世以来の、カトリックの正戦論の基本的考え方である。ではプロテスタントはどうだろうか。

アウグスチヌスに傾倒していた修道僧ルターが、戦争や社会の権威についても、ほぼアウグスチヌスに倣ったという事実は頷ける[7]。16世紀ルターのドイツでは、封建領主や王はもちろんキリスト教徒であって、そうしたかれらにとって領内の治安維持、諸邦との戦争は重大な政治課題であった。ルターは国家と教会の領域を分け、領邦君主が暴力をもっても異端や異教徒を鎮圧することを是認し、領主による社会秩序の維持は崇高なキリスト教的義務であ

注6：アウグスチヌス（345-430）はヒッポの司教で西洋古代最大のキリスト教教父。古代教会の神学指導者としてマニ教批判、アカデミア反駁、ペラギウス派との論争に従事し、活発な著作活動を行なう（『秩序論』『自由意志論』など）。ギリシャ哲学とキリスト教を統合し、独自な神学を開拓し、教会と国家の関係、時間論、労働、禁欲、原罪と義認の教説など幅広い問題に取り組んだ。

注7：マルティン・ルター（1483-1546）はドイツの宗教改革者。教皇レオ10世が赦免状販売を許可したことに反対し、いわゆる「九五カ条」の反駁を抗議文として掲示、これが宗教改革の口火となった。『キリスト者貴族に与える』『キリスト者の自由』など多数の著作と共に、新約聖書のドイツ語訳を完成。国家と教会の関係については、いわゆる二王国説を論じて、国家の力の行使を認めるとともに、教会は魂の内面にかぎって配慮するという領域区分をした。

る、君主や国王はそのためにも神から権利を付託されていると主張した。

他方、カルヴァンは国家の統治権や自治都市の責任については、ルターよりもいっそう積極的だった[8]。カルヴァンはジュネーヴ市政に参与し、同市の改革を推進するとともに、宗教的対立で混乱した社会の秩序を回復しなければならないという現実を背負っていた。かれは市政府が、市民を教会の礼拝に出席させる法的強制権をもつのはもちろんのこと、それに違反した者や異端者を処罰する権利を有すると固く信じていた。カルヴァンは、市民が市ないし国家の統治者を批判できるのは、それらがキリスト教の正統な教えから逸脱して、異端に転落した場合だけに限られるとした。かれはキリスト教国家による戦争、暴力の行使を、正しい信仰ある者の当然の義務とみなし、絶対平和主義をキリストの教会を冒瀆するものとして否定的にとらえたのである。

当時、16世紀のスイスにおいて、このカルヴァンより、いっそう戦闘的な位置をとったのは再洗礼派、アナバプテストの宗教運動だった[9]。再洗礼派の名の由来は、よく知られているように、成人個人に再洗礼を求めたからで、かれらは一切の形式的な宗教儀式、習俗を、ローマ・カトリック教会の捏造、聖書によらない悪魔的異端の風習として排撃した。だがミュンスター市における改革が典型的に示すように、アナバプテストの宗教的熱狂は、強権的な独裁となって悲劇的な結果をもたらし終焉した。かれらはこの歴史的教訓を受け止めて、それ以後平和主義への道に転じ、その流れを汲むメノナイト派やアーミッシュは絶対非戦、非暴力、平和のキリスト教的立場を維持して今日にいたっている。

注8：ジャン・カルヴァン（1509-1564）はスイスの宗教改革者。『キリスト教綱要』を著わし、指導的プロテスタント神学者として知られるようになる。晩年ジュネーブ市に迎えられ、同市の教会改革に辣腕を振るい、スイス改革派教会の中核地とした。彼の思想はまたフランス、ドイツ、オランダ、アメリカ大陸のプロテスタント教会に及ぶとともに、カルヴァン主義の倫理と信仰は近代ヨーロッパの形成にも多大な影響を与えた。

注9：再洗礼派は宗教改革時において急進的なセクト運動を興したプロテスタント集団で、1524年頃にチューリッヒ市に起こり、スイス、ドイツ各地に燎原の火のように広がった。幼児洗礼を認めず、大人に再洗礼を求めたことから、この名がつけられたが、財産の共同管理、既存の国家秩序や教会制度を否認したことから、農民戦争に決起した下層農民たちの支持を受け、領邦君主から過酷な弾圧を招いた。34年にミュンスターで神権的な恐怖政治を行い、その後運動は下火となった。

3 キリスト教正戦論の諸基準

　以上概観したように、正戦論の論理を大きく発展・整備したのは、キリスト教伝統のうち、主として中世を統治したカトリック教会だった。このカトリックの正戦論において、特定の戦争が正しく、敵対者への暴力の行使も止むなしと判断されるためには、大きく分けて、二つのことがらが熟慮されなければならなかった。そのひとつは開戦以前の問題、（1）戦いには適切な理由があるか（jus ad bellum）であり、もうひとつは開戦後に（2）戦闘は妥当な範囲で行なわれているか（jus in bello）、このふたつである。具体的には戦争が「正しい」と判断されるため、次に述べる七つ、ないし八つの全てを満たさなければならない。ではまず最初に、戦争に入る前に考察されるべき問題、jus ad bellum（①〜⑥）を、次に戦闘中の jus in bello（⑦〜⑧）を概観してみることにしよう。

① 「正しい理由」（Just Cause）があること

　まず戦争が正しいと言えるのは、それが防衛のための戦いであることである。戦争は、自国が直接に敵の脅威に晒されるか、または自国の同盟国が攻撃されて、自身では国を守ることができなくなったとき、はじめて可能になる。この場合、国を防衛するために、先制的に攻撃することも可能性としてはあるが、これには厳重な制約が設けられていて、それを満足させなければいけない。たとえば敵国から「不利益な」取り扱い（一方的な経済制裁や経済封鎖など）がなされたからといって、それを理由にただちに戦端を開くことはできない。開戦が正しい理由をもつのは、一国全体の存亡に関わるような深刻な脅威、敵対行為に遭遇した場合にかぎられる。

② 「正しい目的」（Just Intention）があること

　戦争に正しい目的があると言えるのは、唯一、戦争をすることで平和を回復する意図がある場合のみである。もし

戦いに、相手国への復讐や報復といった目的が介在するのであれば、それは正しい戦争にならない。加えてこの「正しい目的」には、適切な戦闘手段や行為も含まれており、万一、復讐心に燃えた憎悪や反感から、捕虜を虐待したり、敵から多くを略奪したりする事態があってはならないのである。

③「最後の手段」(Last Resort) であること

　戦争が決断される前には、あらゆる平和的手段が尽くされていなければならない。中立的な第三者が仲介しても、どうしても紛争が解決されない場合、最後の手立てとして、止むを得ないときだけ、戦端を開くことができる。

④「正しい権威」(Proper Authority) によること

　開戦決定は合法的政府の最高議決機関、ないし国際機関の最高権威の承認を得て行なわれなければならない。また開戦前には、公式の宣戦布告が相手に通告されていなければいけない。一部の私党集団が、多数の平和への意思を無視して、単独に開戦に踏み切ることはできないのである。

⑤「目標が限定」(Limited Ends) されること

　戦闘行為は目標を限定し、次々に拡大する事態があってはならない。敵の攻撃を撃退し、現状を復旧できれば深追いせず、それで満足すべきである。

⑥「充分な勝算」(Reasonable Chance of Success) があること

　戦争が終わったときに、以前にも増して平和と正義がなければ、戦闘で失われた生命、財産は無駄になってしまう。したがって戦争に負けると判断されるなら、戦うべきではない。戦争は充分な勝算がある場合にのみ行なって、勝利の可能性がなくなったときは、即時終結の努力をしなければならない。つまりこの「充分な勝算」には、ただ敵に勝つという戦闘行為だけでなく、戦後において、平和が敵側にも実現されることが含まれる。戦争は自身だけでなく、相手の善の向上を目的としているからである。

⑦「均衡」(Proportionality) があること

戦闘は敵の攻撃に見合った規模で行ない、平和を回復するという戦争目的から逸脱しない範囲で、戦火が収められねばならない。戦闘において、敵の攻撃を上回る過度な破壊が行なわれたり、また戦闘終結後に、開戦理由を逸脱するような過酷な処置がされるなら、それは正しい戦争とはいえなくなる。

⑧「非戦闘員の保護」(Protection of Non-combatants) がされること

戦闘は敵の戦闘員に対してのみ行なわれ、非戦闘員である一般市民、とりわけ女性や子供は、直接的かつ意図的攻撃に晒されてはならない。

4 90年の湾岸戦争の場合

以上、開戦前と開戦後に満たすべき正戦の諸基準を見てきた。しかし歴史上戦われてきた戦争の多くは、これらの基準を決して満たしえていない。というのもこの厳しい基準は、大義名分を作って戦争を合理化するためではなく、むしろ戦争を防ぐ意図のもとに設けられているからである。

しかし正戦の基準にほぼ合格して、欧米のキリスト教教会が、戦争もやむなしと判断した戦いもないわけではなかった。例えば最近では1990年8月に戦われた湾岸戦争（the Gulf War）もそのひとつである[10]。湾岸戦争はイラクによるクウェートへの侵攻によって始まり、国連のイラク経済制裁を招いた戦いで、米軍を中心とした国連多国籍軍がイラク軍を撃退した戦争である。これには日本も90億ドルの戦費支援を行なって「事実上」（de facto）の参戦をした。

この湾岸戦争は、フセイン政権下のイラク軍がクウェートの油田地帯を占拠したことが直接の原因となった。それ

注10：湾岸戦争は、1990年8月にイラクが隣国クウェートに侵攻し全土を制圧したことに端を発した戦争で、イラクによる開戦はクウェートの油田確保、中東世界での政治力強化を狙っていたと思われる。これに対しアメリカは陸海空軍54万人を中軸にして多国籍軍を組織、クウェートの解放と国際秩序の回復を大義名分にして、イラクに経済封鎖を発動した。90年11月には、イラクを非難してクウェートの領土主権を尊重する、国連の安保理事会決議が採択され、これを根拠にして多国籍軍は91年1月に「砂漠の嵐」作戦に着手した。戦闘はイラクの全面的敗北で、イラク政府は国連安保理による停戦決議を全面的に受諾し、3月には停戦協定が締結されて幕を閉じた。

ゆえ、これを撃退してクウェートの国家主権を復興することには、充分に「正しい理由」があると考えられたのである。

湾岸戦争の「正しい目的」はどうだろうか。国連はアメリカを主軸とした多国籍軍を派遣することで、イラクの軍隊をクウェート領内から撤退させること、そしてクウェート国民を自由にし、イラクに二度とこのような冒険主義的過ちをさせないという正当な意図をもっていた。したがってこれは正しい戦争の第二番目の基準を充分に満たしていると判断された。

さらに国連は外交努力を重ねて紛争解決を図ったにもかかわらず、イラクはこれを拒絶、開戦はその結果として選択された「最後の手段」であったことも間違いなかった。またイラク攻撃は国連の安保理決議[11]という国際社会の「最高権威」の許諾を得て行なわれた戦争で、この点もキリスト教的な正戦の要求を満たすと考えられた。

また多国籍軍は、クウェート解放の軍事目標が達成された後、クウェート側国境内にとどまった。イラク軍の精鋭「共和国防衛隊」を追撃してイラク領内、バスラやバクダットに攻撃を展開することをしなかった。これによって戦闘の「目標の限定」も遵守された。

戦争の「均衡」については、イラク国内が空爆されたものの、それは軍事施設とインフラにかぎられ、イラク軍の侵攻を背後から食い止めるための、やむを得ない作戦だった。その際、イラク市民に死傷をおわせることは極力避けられ、「非戦闘員の保護」という点でも及第点が与えられると思われた。

以上の諸点から湾岸戦争は、イラクによるクウェートへの一方的侵略に対する、主権国家自衛の戦いであったし、国連の非難決議が採択され、その決議をふまえた多国籍軍の軍事展開は「勝利の可能性」を確実に秘めたもので、おおむね正戦基準を満足させた。これが欧米の主流キリスト教教会の当時の見解だった。

注11：国連の主要機関、安全保障理事会は国際社会の平和維持に関して、総会を凌ぐ責任を負っている。安保理は平和と安全の維持・復興のために、外交関係の断絶を含む非軍事的措置のみならず、国連軍を組織して軍事的な行動を起こす権限ももっている。その決定は国連加盟国に法的強制力をもち、各国はそれに従わなければならない。安保理の構成は、常任・非常任の15カ国で、紛争当事国であれば、非理事国や非加盟国でも討議に参加できる。

だが今日振り返ってみると、開戦理由や目的の正しさ、国連の採択や最後の手段の正当性は疑いえないとしても、均衡がとれた戦闘だったかというと、それにはおおいに疑問が残る。圧倒的な多国籍軍の軍事力の前に、イラク軍はほとんど成すすべがなく、四十三日間をもって戦闘は終結。その結果、戦死者数は多国籍軍が 145 人であるのに対してイラク軍は 17,000 人、多国籍軍で戦闘中に捕虜になった者の数は 16 人であるのにイラク軍は 5 万人、破壊されたイラク軍の航空機 150 機、車両 3400 両に対して、多国籍軍の損害は航空機 54 機、車両 67 両で、軍事から見ればイラクの一方的敗北であった。しかしアメリカを主力にした多国籍軍は、これほどまでの損害をイラク軍兵士に与える必要があったのだろうか。まるで大人が赤子の手をひねるどころか、骨折させて大怪我を負わせるような具合で、とても均衡のとれた戦闘だったとは言い難い印象を受ける。
　以上、イラク戦争に入る前に、予行練習として「湾岸戦争」を、正戦論に照らして分析してみた。ではいよいよ本題のイラク戦争のケースを論じてみることにしよう。

5　イラク戦争は正しい理由をもつか

　正戦の基準のなかで、開戦に際して最も大きな問題となるのは jus ad bellum、つまり戦われようとしている戦争が、敵の攻撃に対する防衛上の、止むを得ない自衛戦であるかどうかにある。簡単にいえば、先制攻撃つまり先に手を出せば、これは「正しい戦争」にはならないのである。しかし先制攻撃といっても、正しい戦争になるケースが僅かだが、あることはある。それは、敵の攻撃が差し迫っていると確信され、それに対する「予防的」(pre-emptive) な措置ならば、戦闘を始めてもいい、という場合である。しかしこの先制攻撃には非常に厳しい条件がつく。すなわ

ち敵に先んじて戦端を開くことができるのは、そのままじっと座していれば、敵の攻撃が確実に行なわれて大打撃を受ける、そのことの明々な証拠もある、という場合である。漠然とした攻撃の恐れがある、というだけでは開戦理由にならないのである。

こう考えると、米英連合軍が「予防的先制攻撃」を実際に行なった03年のイラク戦争は、はたしてイラクが、差し迫った未来に、アメリカないしその同盟国を攻撃すると信じるに足る、確たる証拠があるかどうかにすべてがかかる。

アメリカの副大統領ディック・チェイニーは常々「戦争は守勢に回っていては勝てない」という発言を繰り返していた。「われわれは必要とあらばいつでも、アメリカへの重大な脅威が現実となる前に、先制的にそれを除去しなければならない」。アメリカに楯突くサダム・フセインの排除はブッシュ政権の長い間の夢だった。ホワイトハウスはそれをなしとげるために、必死になって開戦理由となる証拠を探し続けた。しかしイラクが9.11事件に関与していること、アルカイダとイラクが密かな同盟関係にある証拠はついに発見できなかった。そこで国家安全保障担当官コンドリーサ・ライスによって提起されたのが、「イラクの実情は、サダム・フセインに大量破壊兵器を保持させ、明らかに容認しがたい」という、イラクが大量破壊兵器を備蓄しているという新たな疑惑だった。

ここで問題は、イラクは本当に大量破壊兵器を隠しもっているのか、ということである[12]。そして仮に隠しもっているとして、そのことがアメリカないしその同盟国に「差し迫った脅威」を生み出しているか、ということである。

戦争が始まる前、ブッシュはあらゆる手段をつくしたものの、イラクが大量破壊兵器を所有しているという確実な証拠を、国際社会にはっきりと示すことができなかった。多くの軍事専門家は、イラクには大量破壊兵器を製造す

注12:「大量破壊兵器」（WMD）は核兵器や化学・生物兵器の総称。「大量破壊」は、核爆弾が広島、長崎を徹底的に破壊し、非戦闘員の市民を無差別かつ大量に殺戮した事からつけられたもので、通常兵器と区別される。イラクが備蓄しているとされた化学・生物兵器は、核兵器に比較しても、コストが安価で、開発のための技術も高くない。しかし大量の無差別殺傷という点では核に劣らず、1925年のジュネーブ議定書では、その使用が明確に禁止された。

る力も、それを配備するインフラも備わっていないと指摘し、アメリカ政府関係者の間でも、前国防長官ウイリアム・S・コーエンは破壊兵器の存在を明確に否定し、国連前兵器調査団長のスコット・リターもそれとまったく同意見だった。イラクにはそんな能力はない。かりにあったとしても、先の湾岸戦争の痛手で、大規模兵器の開発計画はすべて頓挫してしまった。今のイラクには核兵器の製造力はないし、備蓄の事実もない、これが国際原子力委員会を含め、多数の識者の意見であった。

　大量破壊兵器があるという有力な証拠はないどころか、多くの事実がその反対の結論を示していた。こうした事実から結論的に言えるのは、アメリカ政府が主張する正しい戦争、先制攻撃をもってイラクを攻撃するという理由は充分ではない、ということである。そして、かりにそうした兵器を保持していたとしても、それを実際に使用して、アメリカとその同盟国に攻撃をしかけるという可能性は、ほとんどゼロに近いということだったのである。

6　勝算がある戦いか

　戦争には「勝算」がなければならない、さもなければ多大な人命と財産が失われて、戦争前よりも事態は悪化する。それでは戦争をするだけの意味がない。戦争は勝てて、いっそうの平和が実現される見込みがあるかどうか、それを事前に厳密に図ることも「正しい戦争」の重大な基準であった。ではイラク戦争の場合はどうだっただろうか。

　開戦前、「戦争は勝てる自信が絶対ある」、そうアメリカ政府は豪語した。イラクを「解放する」ことなど「朝飯前」（cakewalk）と、軍事技術専門の高官ケン・アーデルマンは言い放った。他方、元国家安全保障補佐官ブレント・スコウクロフトはこれに懐疑的で、払われるコストを考えれば、はたして戦争をやるだけの価値があるかどうかに疑問

第1章　「ブッシュの戦争」とキリスト教の正戦論　23

を投げかけていた。「この時期にイラク攻撃するのは、今われわれが遂行している世界的反テロリズムの戦いに、致命的とは言わないまでも、重大な支障をきたす恐れが充分ある」。確かにイラクは軍事的に敗北するだろう。だが、それとて朝飯前というわけにはいかない。またアメリカ軍がイラク政府を倒したとしても、その後、「大規模かつ長期的な軍事占拠を覚悟しなければならず」、それにかかる軍事、外交、財政負担は莫大なものになると。

　これと同じく、戦後の政治展望をめぐって、長期的には事態がいっそう悪化すると警告したのは、ニクソン政権下で国務長官だったヘンリー・キッシンジャーだった。もしアメリカが戦争の予防を理由に先制攻撃をすれば、長い間の外交慣習、すなわち1648年のウェストファリア条約以来維持されてきた国際法規の了解事項を反故にすることになる[13]。いったん予防先制攻撃の権利を認めてしまえば、アメリカだけでなく各国がそれに倣い、結局はアメリカの国益自体にも反することになる。キッシンジャーもそのように勝算については懐疑的だった。

　世界システム論で知られた、イェール大学のイマニュエル・ウォーラースタインはキッシンジャーよりもっと直截で、イラクへの侵攻が「アメリカ合衆国にとっても、全世界にとっても、否定的結末以外の何ものももたらさない」と開戦前に厳しく批判した。彼が最も気遣ったのは、戦闘の成り行きよりも、むしろ戦後の処理の困難さだった。「ヴェトナムがそうだったように、戦争は長期化してアメリカに多大な人命の損失をもたらすことになるかもしれない。政治的にもアメリカに否定的に働いて、結局ブッシュまたはその後継者は撤退を余儀なくせざるをえなくなるだろう。その結果、新たなヴェトナム・シンドロームがアメリカ国内を覆うようになる」。長期的な観点からすれば、イラク戦争は勝算ある戦いにはならない、イラクがアメリカにとって「もうひとつのヴェトナム」になる恐れが充分にある、そうし

注13：ウェストファリア条約は、ヨーロッパ全土に荒廃をもたらした三十年戦争の悲惨を反省して締結された講和条約で、宗教上ではアウグスブルグ宗教会議の内容を再確認して、カルヴァン主義を公に承認した。政治的には、領邦君主と都市に対して自治権、領土の保全、独立した外交権を容認した。近代の主権国家のシステムは、その枠組みがこの条約においてはじめて明らかにされたことから、ウェストファリア体制とも呼ばれている。

た予測は少なくなかったのである。

7　正しい権威が承認したか

　この点ではイラク戦争の正当性はまったく疑わしい。つまり最終的に、アメリカは国連という国際的最高機関の承認をえないままで、イギリスを同盟軍として開戦に踏み切った。独裁的な政権のもとにあるとはいえ、イラクは主権国家である。それをアメリカの一存で打倒するというのは、国際法規からしても重大な逸脱ではないのか、戦争前からそういう声は特に強かった[14]。

　国連憲章第51条には、国家間の交戦は、他に手段がなく、かつ緊急の脅威が明らかに存在する場合にのみ認められると規定されている。アメリカは国連の調停的役割を当初から無視し、都合のよいときだけ、国連本会議や安全保障理事会をプロパガンダの場として用いたのではなかったか。その意味でアメリカ自身が、プリンストンの政治神学者ジョージ・ハンシンガーによれば、まさに「ならず者国家」（a rogue state）になっていたともいえる。

　実際、フランス、ドイツ、ロシア、中国といった主要各国は、アメリカ主導のイラク攻撃計画を批判し続け、中東のアラブ諸国もヨルダンを除いて、公に戦争支持を表明することはなかった。近隣のトルコもパキスタンもイランも反対した。例外はイスラエルとイギリスのブレア政権だったが、そのブレア首相にしても、国連の同意なしに先制攻撃に踏み切ることはないと、さかんに弁明していたものだった。

　同じような反対は足元のアメリカ議会内にも起こった。たとえばウェスト・ヴァージニア選出の民主党上院議員ロバート・C・バードは、イラク戦争の可否を決めるのは議会上下院にあるべきことを主張し続けた。彼によれば、合衆国憲法において、開戦宣言は議会の専権事項であり、

注14：ネオコンのイデオロギーによって支えられた、ブッシュ米政権の外交は「単独主義」または「単独行動主義」と批判されることが多い。単独（行動）主義（ユニラテラリズム）の特徴は、他国との協調よりも、自国の力を頼りにすることにある。国際社会の多くの批判にもかかわらず、イラク、イラン、北朝鮮を「悪の枢軸」と呼び、軍事力によるイラク政府の打倒に突き進んだブッシュ政権の外交は、この単独主義の典型といえる。単独主義に対比されるのは、当事者二国間の交渉と合意を基本とする二国間主義（バイラテラリズム）や、あらゆる関係諸国が対等な立場で国際的枠組みの合意を作り、それに基づいて行動する多国間主義（マルチラテラリズム）などである。

大統領に権限を委譲する解釈は誤りである。議会は、政府が計画する軍事行動の全てにつき、逐一報告を受ける権利があると。だがこうした声にもかかわらず、結局ブッシュ政権は国連の安全保障理事会はもとより、自国の議会にも助言と同意を求めようとせず、単独主義的で強硬な開戦へと踏み切ったのだった。

8　戦闘は行過ぎないか、市民の安全は保障できるか

戦闘の均衡、非戦闘員への不攻撃という原則は、武力行使が人道的なモラルに照らして、いかほどに適切なのかを問い、市民、とくに子供、女性、老人といった弱者が攻撃目標にならないよう配慮するためのものである[15]。これらが遵守されるか否かによって、戦争は合法的となるか、それともたんなる殺戮行為になるか、そのどちらかに判定されるのである。

この問題については、イラクへの経済封鎖に抗議して、国連の人道支援計画局を辞任したデニス・ハリデイが、民主政府の樹立を名目にイラクに軍事行動を起こすのは、「殺人、混乱、虐殺」に他ならないと、厳しくアメリカを非難したことが特筆されよう。ハリディは、アフガン戦争で使用されたクラスター爆弾や、1万5千フィート上空からの高性能爆弾は、無防備な都市住民に深刻な被害をもたらすこと必定であると考えた。しかしそうした危惧を尻目に、国防長官諮問の国防政策審議会議長リチャード・パールは、イラクに核爆弾の使用も辞さないという強硬発言すら繰り返した。核にせよ、高性能爆弾にせよ、それらが用いられれば、都市市民に多くの死傷者が出るのは目に見えていた。戦闘は節度ある仕方でなされねばならない、とくに非戦闘員の安全は保障されねばならないというjus in belloの大前提は最初から否定されていたのである。

注15：イラク市民がイラク戦争、およびその後の混乱の中で、どれだけ犠牲になったかの正確な数字はわからない。しかし米英軍主導の戦闘によって死傷した民間の非戦闘員の実数を可能なかぎり正確に数え上げようとする試みもあり、その有名な一つがNGOのIBC（イラク・ボディ・カウント）である。この団体は、「市民の死は、国家の戦争遂行のために支払われる、止むをえないコスト」とすることを拒否、戦争犠牲者の数を「記録し、公開し、その重大さに対処して必要な措置をとる」ことが、国際社会の「道徳的、かつ人道的責務」と考え、その集計結果はインターネットで公開された（http://iraqbodycountnet/）。これによればイラクにおけるアメリカの軍事作戦で死亡した民間人の数は最低14880人、最大で17285人に上る。なおランセット調査の「死亡者推定10万」については、IBCが同サイト上に見解を発表しているのでそれを参考にせよ。

9 イラク戦争とアメリカの諸教会

　はたしてイラク戦争はキリスト教的な正義の基準を満たして、正しい戦いになるだろうか。湾岸戦争、アフガン攻撃にはおおむね正しい理由があったとしたのが、大方のアメリカ教会の見方だったが、イラク戦争はそれらとはまた別の戦いであった。戦争の足音が高くなった03年春、アメリカのキリスト教諸教会は、ブッシュ大統領の戦争企画にさまざまな反応を示した。

　カトリック[16]米軍総管区長、エドウィン・オブライエン大司教は、全管区の従軍神父に通達を送り、そのなかで、ブッシュ大統領は「少なくとも」、開戦合意を国際社会から得る努力を重ねること、イラク政権によって「重大かつ緊急の脅威」が米国、ないしその同盟国に加えられているという「確実な証拠」を示すべきことを訴えた。米大統領はそれらの努力を怠っており、対イラク戦は、このままではキリスト教的に正しい戦争にはなりえない、と考えたのである。

　また全米カトリック司教会議議長ウィルトン・グレゴリー司教は、このオブライエンよりいっそう強硬だった。かれはブッシュ大統領に意見書簡を書き送り、米英軍の先制攻撃によって、いったいどれだけ多くの市民が殺傷されるのか、そのことを考えたことがあるかと強い調子で詰問した。これを後押しして、ヴァチカン法王庁も、教皇が戦争に強い懸念をもっていることを表明し、ヴァチカン外務省は、国連の裁可を欠いたままの軍事行動を避けるよう要請した。国連の和平努力を無視する仕方では、戦争は正しい手順を踏んでいない、と警告したのである。

　しかしこれとまったく対照的な反応を示したのは、アメリカ最大の教派、南バプテスト教会だった[17]。その有力指導者で「倫理・宗教自由」委員会会長リチャード・ランドは、イラク戦争はまったく正しい戦争であると、大統領を全面

注16：カトリックのローマ法皇庁は早くから和平努力に務め、戦争を回避する外交を積極的に展開した。開戦直前の2003年2月にはエチュガレイ枢機卿が、法皇ヨハネ・パウロ2世の特使としてイラクのフセイン大統領と会談し、またブッシュ米大統領にも特使が派遣された。法皇自身もブレア英首相と謁見して平和を模索する道を探した。日本でも仏教教団、キリスト教教会、新宗教諸団体が相次いで平和的解決を求める声明を発表したが、戦争回避には到らなかった。

注17：アメリカでの総人口約2億2650万のうち、キリスト教徒の割合は86％と圧倒的で、他には無宗教8％、ユダヤ教徒3％、イスラム教徒1％、その他2％である（2000年度統計）。キリスト教の内訳はプロテスタントが6割、カトリック3割強、オーソドックスその他が1割弱といった分布で、プロテスタントの優位は動かない。そのプロテスタント教会でも特に強大なのが、会員数1400万人を誇る南バプテスト連盟の教会で、99％を白人によって占めている。福音派や原理主義の影響がもっとも強い教派のひとつで、宗教右派の牙城になっている。

的に援護した。イラクへの先制攻撃は、正しい戦争の基準を充分に満たしている。「合衆国政府はフセインと違い、市民を標的にすることなどありえない」。ブッシュ大統領は軍最高司令官として当然なすべきことをしようとしているまでで、聖書のローマ書13章4節には「権威者はいたずらに剣を帯びているのではなく、神に仕える者として、悪を行う者に怒りをもって報いる」と書いてある。アメリカ大統領は、神の世界計画に仕える者として、悪を行うフセインを懲罰することになんら問題はない。アメリカ市民にとって最高の権威をもつのは大統領とその「議会であって国連ではない」。アメリカは国連の議決を経ずとも、単独で悪を討ち滅ぼす義務がキリスト教的にもある、というのである。

　本学関西学院の創設に関わったメソジスト教会はどうだろうか。メソジスト教会にはブッシュ大統領も、副大統領チェイニーも教会登録をしているが、ではその指導者はどのような態度を表明したのだろうか。

　アメリカ合同メソジスト教会倫理委員ジム・ウィンカーは、戦争を積極支援した南バプテスト教会を「もはやキリスト教組織であるかどうか、はなはだ疑わしい」と厳しく批判し、それが「戦争翼賛教会（a war church）」になりはてたと断罪した。「平和をわたしは語るのに、彼らはただ戦いを語る」（詩篇120:7）。そう聖書を引用するウィンカーの言辞からも明らかなように、アメリカのメソジスト教会指導部が、今回の戦争を肯定しなかったのは明らかである。

　しかし米国メソジスト派は絶対平和主義ではない。もし戦争が正しいとされる基準を満たすことがあれば、メソジスト教会は戦争に賛成する。メソジスト教会監督局は2000年、原則的にはイエス・キリストの教えと暴力は相容れないが、しかし現実世界では戦争も正しい場合がある、とするガイドラインを発表した。つまりアメリカ合同メソジスト教会は「情況倫理」の立場をとっており、平和的

努力が一切尽くされた後の最後の手段であれば、暴力も止むを得ないと考える。ただ、アメリカ政府の対イラク開戦はこれに照らせば程遠く、サダム・フセインは国境に軍隊を集結させて隣国に侵入する構えも見せていないし、イスラエルやヨルダンに差し迫った脅威を与えているわけではない。ましてやアメリカ本土への侵攻など考えられもせず、メソジスト教会は、イラクの独裁政権が倒れてその国民が自由を取り戻すことを祈るが、戦争という手段を用いて今それをしなければならない理由はどこにもない、と結論づけたのである。

10 おわりに——戦争に否を言う勇気

「イラク戦争はヴェトナム以来、アメリカにとっての最大の軍事的失敗になるかもしれない」。プリンストン神学大学で組織神学を講じるジョージ・ハンシンガーは、イラク戦争が開始される半年前、そのような危惧を表明した[18]。だがそれは当時のアメリカの政界、ジャーナリズム、キリスト教教会の多数派の声ではなかった。実際、人々は楽観的とも思えるほどに、イラク戦争の勝利を予測した。共和党はもとより、民主党上院院内総務トム・ダスクルのような実力者や、指導的な新聞『ワシントン・ポスト』のエリート論説委員までが、戦争の見通しを肯定的に観測していた。たしかに戦争は、あまり名誉でない先制攻撃の形をとるかもしれない。だがそれによってイラクの独裁政権は廃され、かわりに民主政府が樹立されるだろう。自由世界に対するテロリズムの脅威は取り除かれ、イラク国民も自由を享受することになるにちがいない。つまりすべてにおいて情況は好転するのであって、この戦いは大義名分ある自由のための戦争になると予測したのであった。

たしかに軍事的に、イラク戦争そのものは米英軍の圧倒的勝利で終結した。開戦から二週間たらずで、連合軍は

注18：イラク戦争の開戦前後、ヨーロッパを始め、世界各地で大規模な反戦集会や平和デモが相次いだ。参加者の数は数十万単位のものもめずらしくなく、特に開戦直前の世界統一反戦デーには1000万人を超える参加者があった。アメリカでもリベラル色の強いニューヨークやサンフランシスコでは、大規模なデモが行なわれ、多数の逮捕者が出た。イスラム諸国では多数の市民の反対デモが行なわれ、日本各地でも、ヴェトナム戦争以来の大規模な街頭デモが繰りひろげられた。

重要拠点のバクダットのサダム国際空港を制圧し、その数日後には早くも大統領宮殿を占拠した。これをきっかけに四月上旬にはバクダット市が陥落してフセイン政権は崩壊し、中旬には米英軍がイラク全土を完全に掌握した。ブッシュ大統領が、イラク戦争の大規模戦闘の終結を誇らしく宣言したのは、開戦から約1ヶ月半足らずの5月1日のことだった。

　しかしその後イラクの戦後処理は迷走し続けた。戦闘終結宣言にもかかわらず、赤十字国際委員会事務所などの国際機関や施設を狙った爆弾テロが続発し、イラク国民もアメリカ主導の戦後統治に反発を強め、治安は悪化の一途をたどるばかりだった。駐留米軍への攻撃も頻繁に行なわれ、イラクの安定化の道のりは、いっそう厳しいことが明らかになった。

　民主党の大統領候補ジョン・ケリーは、イラク戦争を「誤ったときの、誤った戦争」と厳しく批判したものの、しかしアメリカ国民は04年11月選挙でブッシュを再選し、「テロリズムとの戦争」を引き続き継続する決意を示した。

　戦争後、対イラク戦の大義だった「大量破壊兵器」は、結局存在しないことが明らかになり、戦争が「正しい理由」によって戦われた、という主張は崩れ去った。03年2月、国連安保理で、イラクが大量破壊兵器を隠し持つ「否定できない証拠がある」と演説したパウエル国務長官は、04年10月の米上院政府活動委員会で「発見することは今後もない」と証言した。また政府調査団のドルファー団長も兵器備蓄の「証拠はない」との報告を提出し、イラクによる「差し迫った脅威」論も完全に根拠を失った。

　また戦争は国連議決を最後まで得られないままに、米英軍の単独先制攻撃でもって行なわれた結果、「最高の権威」による開戦という、正戦論の基準が満されることはなかった。戦争そのものは圧倒的勝利を収めたものの、戦後処理では現在でも激しい戦闘が続き、「勝算ある戦い」

という基準をクリアしたかどうかも怪しいものとなった。独裁政権を打倒し、イラク国民に平和をもたらすという「正しい目的」も、混迷を深める治安状態を見るとき、はたしてイラク国民の安寧が戦争前よりも向上したかどうか疑問である。民主政府樹立の基礎となるべきイラク統治評議会は脆弱で、シーア派、スンニ派、クルドなど寄せ合い所帯の観が強く、こうした各派の対立が増せば、イラクの主権回復と秩序の安定は、さらに遠のくことが予測される。

　イラク戦争では、戦闘は「均衡」的で、非戦闘員が犠牲にしないというjus in belloの大原則は、まるで合格点に達しないことも明らかになった。アメリカ軍はバクダットを初め主要諸都市を空から攻撃し、その攻撃は高度に精密な「ピン・ポイント」で、軍事目標のみに限られ、市民の犠牲は最小限にとどめられたと、ホワイトハウスは強調した。しかし米国のジョン・ホプキンス大学は、開戦から2004年10月までの一年半で、戦争のイラク人犠牲者の数は、少なく見積もっても10万人を超えるという報告書を公にした（「ロイター通信」2004.10.29）。それによれば死者の大半は、戦闘や米軍の空爆によるもので、同報告書は「多数の民間人が居住している地域に対する空爆で、女性や子供の死者が大量に出た」と述べている。米国防省の発表によれば、米軍の死者は04年9月までで1,001人、そのうちで戦闘終結宣言が出た03年5月以降の死者は863人の多数にのぼる。ラムズフェルド国防長官は「テロリストによって千人の米軍兵士が殺害された」として、「かれらの犠牲を讃え、哀悼の意を表する」と発表したが（『産経新聞』2004.9.8）、しかし単純に比較すれば、民間人を含めたイラク人100人に対して、アメリカ軍兵士1人という死者の割合は、均衡がとれた戦闘だったとは、とてもいい得ない内容である。

　日本政府は、アメリカが掲げた「大量破壊兵器の脅威」をそのまま受け取って、開戦支持の理由とした[19]。そして

注19：イラクに自衛隊を派遣するため日本政府は2003年7月、四年の時限立法、イラク復興支援特別措置法（イラク特措法）を制定。自衛隊の活動は「非戦闘地域」に限定され、武力行使や力の威嚇を行なわないことが合意された。日本政府はかねてから、日本の国際貢献を掲げてPKO法案や有事法制の整備を進めていたが、イラク特措法はその延長で、9・11同時多発テロ事件以後、急速に単独主義を強めたアメリカの海外軍事活動を後方支援する意向で成立した。しかし戦後イラクでは反米テロ活動が激化して、小泉首相は「非戦闘地域」を明言できずに対応に苦慮することになった。

その根拠が崩れたときでも、イラク攻撃を支持した「最大、唯一の理由」は、「安保理の度重なる決議にイラクが従わなかったこと」と強弁し続けた。国連のアナン事務総長が、イラクを攻撃すべきかどうかの決定は、安保理でなされるべきであり、アメリカが「単独で決定すべきではなかった」と語ったことに対しても、日本の首相は「私はそうは思わない。（アメリカを支持した）日本の判断は正しかった」と、あくまで戦争の正当性を表明した。
　かつて駐ソ大使、国務省政策企画委員長、プリンストン高等研究所教授などを歴任した外交専門家ジョージ・ケナンは、欺瞞的な戦争を黙認し続けるよりも、それに勇気をもって疑問符を投じるときがなければならぬ、と論じたことがあった。「ときに、われわれは良心の導くところに従う以外に選択の余地ない場合がある。神の憐れみに身を投じ、あれこれと迷っていてはならないときがある」。開戦前だけでなく、戦闘が終わった時点でも、戦争が正しかったかどうかをあらためて問い、戦争が欺瞞に満ちた戦いだったことを見出したときには、再度、否を言う勇気も、キリスト教の正戦論に不可欠な行為なのである。

【参照資料・文献】

"Just War Theology" in *Ken Collins' Web Site*,
　　　　　http://www.kencollins.com/why-13.htm.
"Just War in an Unjust World?" by MGel Ian Durie ret UK,
　　　　　http://www.accts.org/ethics/norway/DURIET.HTM.
"Iraq: Crisis of Conscience" by George Hunsinger, *The Presbyterian Outlook*, August.19,2002
"Invading Iraq: Is It Justified?" by George Hunsinger, *The Presbyterian Outlook*, January 29,2003
"Churches differ over the invasion of Iraq." by Brendan Miniter, *The Wall Street Journal*, October 11, 2002
"Violence", "War" in Paul Barry Clarke & Andrew Linzey eds., *Dictionary of Ethics, Theology and Society*, (New York： Routledge, 1996)
Paul Ramsey, *The Just War*, (New York: Scribner's, 1968)
M. Walzer, *Just and Unjust Wars*, (New York: Basic Books, 1977)

第2章　国家と宗教
──靖国神社の場合

前島宗甫

1　はじめに

　1985年、私は中国のキリスト教会を訪問した際、瀋陽で教会役員たちと懇談した。ある朝鮮系中国人の教会員から「今でも日本のクリスチャンたちは神社参拝をしていますか」と質問を受けた。ちょうど戦後40年。彼ら、彼女らにとって私は戦後初めて出会った日本人クリスチャンであった。

　質問の意味はいうまでもあるまい。戦時下に自分たちの思想・信教の自由が踏みにじられ、その上、同信の日本人たちが自分たちを理解し共にいる「隣人」ではなかったことに対する、理解しがたい思いがあったことであろう。40年を経て、突然現れた日本人クリスチャンに聞いてみたいと思ったことであろう[1]。

　戦争のトラウマは日本国内と同様、アジア各地に地下水のように脈々と活き続けている。アジアを旅するとしばしばこの水脈に掘りあたり、アジア太平洋戦争のトラウマと出会うのである。中国での出会いから20年を経た今年（04）3月1日、韓国盧武鉉大統領は「3・1独立運動記念式典[2]」において、「日本に忠告したいことがある」として、「分別のない国民や人気取りを意識した政治家が韓国民の心を傷つける発言をしても、国家指導者レベルではそうした発言をしてはならない」（『朝日新聞』2004.3.2）と述べた。小泉首相の相次ぐ靖国神社参拝やその歴史認識に対する強い懸念を表明したものである。

注1：「いつ日本政府はキリスト教を棄てて神道に改宗せよと迫ったか。国家は国家としての祭祀を国民としての諸君に要求したに過ぎない」。1938年6月日本基督教会大会議長富田満は平壌において、政府の宗教見解をこのように説明している。

注2：「3・1独立運動」1919年3月1日、ソウルにおける独立宣言、万歳デモなどをきっかけに全国的に展開された朝鮮民族の独立運動。朝鮮近代史において大きい意味を持つ運動である。

さて2004年4月7日小泉首相の靖国神社公式参拝に対し、福岡地裁は画期的な判決を下した。小泉首相による靖国神社公式参拝が、憲法第20条が定める政教分離の原則に対する違憲であるとする判決である[3]。

小泉首相の靖国参拝に関しては、福岡以外に大阪、松山、東京、那覇、千葉などで訴訟が起こされている。04年に入って大阪地裁（2月7日）、松山地裁（3月16日）で判決が下されているが、大阪地裁は私的参拝ではなく総理大臣としての公的資格と指摘したものの、憲法判断には踏み込まなかった。松山地裁は原告の請求をすべて退けている。したがって福岡地裁の判決は、憲法判断に踏み込んだ画期的なものとなったのである。

大阪訴訟を起こしたのは「小泉首相靖国参拝違憲アジア訴訟団」であり、日本人のほかに韓国、中国などの住民も含まれている。金景錫韓国人犠牲者遺族会会長は「首相の参拝は『これから戦争をやるぞ』という重大な宣言の意味を持ち、近隣アジア諸国、とりわけ日本の侵略戦争のために非業の死を遂げた人たちへの挑戦でもあります」と意見陳述を行った。この裁判の意味は日本国内にとどまらず、アジア太平洋地域にも大きい影響を与えるものではないだろうか。

2 靖国神社の起源

1862年（文久2）12月、京都・東山霊山（りょうぜん）で「報国忠士招魂祭」が行われた。1859年（安政6）、大老井伊直弼は尊皇攘夷派に対し安政の大獄と呼ばれる大弾圧を行い、翌年水戸、薩摩藩士たちに暗殺された（桜田門外の変）。主流となった尊皇攘夷派の後押しで、孝明天皇が尊皇攘夷派の赦免と上記招魂祭を命じたのである。志士たちは「国事に死に候輩」と呼ばれ、「報国の忠士」と讃えられた。

注3：判決は「信教の自由侵害」による損害賠償請求は却下したものの、靖国神社が「宗教法人」であり、「参拝は戦没者の追悼を目的とするものではあっても、宗教と係わり合いをもつことは否定できない」とし、「私が首相である限り毎年靖国神社に参拝する気持ちに変わりはないと発言するなど、将来においても継続的に国の機関である内閣総理大臣として靖国神社に参拝する強い意思を有していることが窺われるとすれば、単に社会的儀礼として参拝を行ったとは言い難く」、「憲法20条3項で禁止されている宗教活動に当たると認めるのが相当」と断じた。判決文第3－（3）－ア－（イ）。

大政奉還の翌年、1868年（明治元年）6月2日、江戸城内に神座を設け招魂祭が行われた。官軍戦没者のための招魂祭であり、官軍は「皇御軍(すめらみいくさ)」、旧幕府軍は「道不知醜の奴(みちしらぬしこ)」と呼ばれた。しかしこの選別も不思議ではある。たとえば蛤御門の変での会津藩の戦没者はこの招魂祭で祀られたが、同じ会津藩士であっても戊辰戦争の戦死者は賊軍とされて祀られてはいない。「死者の選別」の始まりである。

　靖国神社に合祀される基準、「死者の選別」の基準とは何か。同じ状況の下で同じ死に方をしても、合祀される者、されない者の選別があることを大江志乃夫は指摘する。

　1920年（大正9）の「尼港事件」を例にとる。ロシア革命に介入するため日本はシベリアに大規模な派兵を行った。アムール河口のニコラエフスク（尼港）にも、在留日本人保護の名目で派兵されていたのであるがパルチザン活動により包囲され孤立。一旦締結した停戦協定を日本軍は一方的に破棄して奇襲攻撃の結果日本軍は降伏させられ、日本の軍人、外交官、在留日本人の122名が殺害された事件である。

　この戦争犠牲者のうち靖国神社に合祀されたのは、軍人368名、軍属12名、領事館員2名である。共に戦った在留日本人、在郷軍人413名、「銃後」の支援をした在留女性たちは合祀名簿にはない。外交官石田虎松領事の名はあるが辛苦を共にしたうらき夫人の名はない。「同じ状況の下で生死を共にした日本国民の間に、合祀基準という点から見て、はっきり官民の差別を見ることができる[4]」という指摘である。

　東京に遷都（1869年）されて以来、士気高揚のため全国規模の招魂社創りが、小松宮嘉彰（事務官知事）、大村益次郎（副知事）らが中心になって計画が始められた。江戸城に隣接する九段坂上に社地が決定され、10日も経たぬうちに仮本殿が建設されたという。内戦に勝利したこと

注4：大江志乃夫著『靖国神社』岩波新書、7頁。

により、強大な天皇の軍隊を整備するための宗教装置である。天皇軍の戦死者の魂を国家が合祀し、慰霊することによって戦場に赴く軍隊の精神を整える。これが靖国神社の始まりである。日本古来の宗教性がここで見事に変質させられていくプロセスを見ざるを得ない。

招魂祭の背景には日本古来の御霊信仰があるといわれる。苦しみながら死んだ死者の霊を天から招きおろし、祟らないように鎮めることを意味した。戦場などでは敵味方なく手厚く弔うという、宗教的ヒューマニスティックな伝統となっていた。蒙古襲来のときに、敵兵の霊を弔ったことなどもその例証であろう。

梅原猛は「靖国神社は日本の神道の正当な継承者ではない」という。国家が自国のために死んだ人間のみを神とする思想は伝統的な神道の精神に反する発想であるとする。

「そもそも記紀の時代の神道は、アマテラスに代表される現権力の祖先神とアマテラスの孫ニニギにその国を譲らざるを得なかったオオクニヌシに代表される現権力に滅ぼされた前代の権力者、この二種類の神をまつっていました。つまり自らの祖先神とともに、自らの祖先が滅ぼした前代の権力者をもまつることを重視したのです。祖先神をまつるのが伊勢神宮、滅ぼされた権力者をまつるのが出雲大社ですが、出雲大社は伊勢神宮より壮大に造られ（発掘により現在の三倍の大きさの可能性が指摘されている）、出雲の神々は伊勢の神々より記紀の中でもより丁重な扱われかたをしている」と述べ、このような招魂は勝者と敗者の間に和解の可能性を生じさせることを願うという、日本社会にとっては重要な思想であったと指摘する[5]。

明治以降の日本の近代化は、政教一致（当時は祭政一致）イデオロギーの下に進められた。このイデオロギーは基本的人権に対する著しい抑圧をもたらすのであるが、学校教育にもそれが影響を及ぼすこととなった。

注5：梅原猛「小泉首相に告ぐ だから靖国参拝はしてはいけない」『検証・靖国神社とは何か』PHP研究所編。梅原は中曽根内閣時の「靖国問題懇談会」のメンバー。靖国神社の本質的性格と周辺諸国の理解が得られないとの理由から、公式参拝には反対の立場をとった。

1899年（明治32）、私立学校令が制定された。監督官庁による私立学校に対する「閉鎖命令権」によって、キリスト教系の学校は大きな試練にさらされることとなった。同時に文部省訓令12号が発令されている。「法令の規定ある学校に於いては課程外たりとも宗教上の教育を施し、又は宗教上の儀式を行うことを許さざるべし」とし、私立の小、中、高等学校では宗教教育、宗教儀式が禁じられた[6]。

　当時、大学は帝国大学のみであり、私立大学の設置は認められなかったが、1918年（大正7）には大学令が交付され、公立の大学と共に私立大学の設置が認められるようになった。大学には学科課程に関する法令上の規定はなく、文部省は軍事教練の適用には苦慮せざるを得なかった。ところが1932年4月、「満州事変」、「上海事変」戦死者のための靖国神社臨時大祭が行われた際、上智大学と暁星中学が参拝を拒否するという「事件」があった。その結果文部省は「神社参拝は教育上の理由に基づく」ものであり、「敬礼は愛国心と忠誠を表すもの」（天主教会：カトリック教会、東京大司教区宛の回答文より）とし、神社参拝が国家に対する教育上の義務と規定した。教育と思想・信条に対する国家権力の露骨な介入である。

　当然のこととして学校のみならずキリスト教をはじめさまざまな宗教団体が、国家神道に対する異端として攻撃、迫害の対象とされた。内務省は祭政一致を日本の本来あるべき伝統に基づくものとし、政教分離を「西洋流」の思想であると規定した。このような宗教弾圧は、大日本帝国の国家機構そのものが天皇を頂点とする国家神道の創唱者となり、矛盾に満ちた支配体制を堅持するための暴力機構以外の何ものでもないという証左であった言えるであろう。

　1874年（明治7）1月21日、明治天皇、東京招魂社初参拝。自らの「臣下」を祭神とする神社への参拝は、

注6：関西学院（1889年、明治22創立）では訓令12号に対し、当時の第2代院長吉岡美国が「聖書と礼拝なくして学院なし。特典便宜何ものぞ。例え全生徒を失うもまたやむを得ざるなり」と断言した。その結果入学者が極端に減少し1909年には卒業生0を記録した。

古代天皇制成立以降初めてのことであった。翌年には「台湾征討戦死者合祀臨時大祭」にも参拝している。日本帝国主義の海外侵略が始まるなかで、東京招魂社は軍国主義戦略を担い始めた。以来、戦没者が出るたびに祭神に加えられるという、他に例を見ない宗教装置となった。明治に始まる「国体」信仰は、神聖天皇が統治する国家のあり方（神の国）と現人神天皇信仰に基づく国家宗教のイデオロギーに他ならない。

　靖国神社はそのための宗教施設であり、軍事施設であり、国民統合のための政治的イデオロギー的手段であった。戦争を行いその犠牲者になることの悲劇を、安価な宗教的劇場効果を利用して、国のためという目的意識とそれに殉ずることが栄誉であるとする道に、国民を囲い込んでいく神社となったのである。

3　靖国の神「英霊」

　1879年（明治12）6月4日、東京招魂社は靖国神社に名称変更された。別格官幣社に定められている。官幣社とは、国家神道が成立していく過程で導入された神社の社格制度によるものである。現天皇の祖先神を祀る伊勢神宮を頂点として官幣社（天皇、皇族、記紀神話上の神が祭神）、国弊社（国、地方の開拓の功労者が祭神）、以下府県社、村社とピラミッド型の序列が形成された。別格官幣社とは天皇の忠臣を祭神とし、第一号は楠正成を祭神とする湊川神社（1872年列格）である。日光東照宮（徳川家康）、豊国神社（豊臣秀吉）などが続き、靖国神社は十番目に列格されたことになる。他の官幣社が歴史上の特定の人物を祭神とするのとは異なり、複数の「神々」が祭神となり、さらにその祭神は将来も増加し続けるという特異性を持つ神社となった。家康や秀吉のような権力者、忠臣正成のように個人又は個性を強く残した「忠魂」から、没個性的、抽

象的な「英霊」という「靖国の神」への変質である。

　「英霊」という言葉は、日本国語大辞典（小学館）によれば古くから用いられていたようである。①すぐれた人、またその魂。②才能、体格などのすぐれているさま。③死者の霊魂を尊敬していう語、などが示されている。それが明治以降、特別な意味で③が強調されるようになった。1905年6月7日付の東京朝日新聞の記事に、「余は此の全国志士の集会を機として、英霊のために一片の回向（えこう）を為さんと発議し」が掲載されている。とすれば、日露戦争（1904～5）の時代から戦死者を「英霊」と呼び始めたと考えられる。そして日中戦争が1937年に始まって以降、天皇などの靖国神社参拝が報道される中で盛んに用いられるようになった。

　「英霊」の特別の意味は何であろうか。靖国神社を紹介する言葉に「忠魂を慰むるために神社を建て」とあり、さらに「明治天皇の深き叡慮に依りて創建せられた神社」とある（『靖国神社誌』）。

　慰霊という言葉は今日でもしばしば用いられる言葉である。死者に対して、特に事故・災害の犠牲者を対象に慰霊祭が行われるケースも見られる。しかし靖国神社の慰霊、「忠魂を慰むる」は、これらの慰霊とはまったく異質のものである。靖国神社には「招魂場」という特別の場が設置されている。靖国神社宮司を務めた（1938～45）陸軍大将鈴木孝雄によれば、「此の招魂場に於けるところのお祭りは、人霊を其処にお招きする。此のときは人霊であります。一旦此処で合祀の奉告祭を行います。そして正殿にお祀りになると、そこで初めて神霊になるのであります」と説明されている（『靖国神社に就いて』偕行社記事、1941年10月）。ここには人から神へ、人の霊から神の霊へと変えられていく祭儀が見られる。一般の慰霊はあくまでも人の霊であり、神としての礼拝の対象ではない。人が神と化神するのは靖国神社に祀られることで可能となる。したがって

「英霊」という言葉は単なる慰霊の対象としての人の霊ではなく、靖国神社という特異な宗教、宗教祭儀と結びついた用語であり、軍国主義イデオロギーの用語なのである。

このようにして、靖国神社に合祀されることは、個人の魂が国家の意思によって「英霊」とされることを意味した。したがって「英霊」は国家に帰属するものであり、故人の意志や遺族の意志もまったく認められるものではない[7]。帝国憲法 28 条には「臣民たるの義務」が定められているが、その下で靖国神社は国民の思想・信教の自由を抑圧する宗教装置としての役割を果たした。天皇制国家日本のために、命を捧げることをいとわない「大和魂」を涵養するための強大な祭殿である。

この帝国憲法 28 条に触れておく必要がある。28 条は、「安寧秩序ヲ妨ケス及臣民タルノ義務ニ背カサル限リニ於イテ」信教の自由を保障している。しかしこれは見せかけの自由でしかなかった。先述のように、学校に対して文部省が「神社参拝は教育上の理由に基づく」ものとして宗教性を薄めて神社参拝を実質的に強制したように、そこには「非宗教化」の問題があった。この問題は過去の問題ではなく、今日でも見られる靖国神社国家護持の問題にもかかわっている。

国家神道はこの見せかけの「自由」を保障することによって、靖国神社が宗教を超えたものであるとして国家神道体制を創り上げた。非宗教化による事実上の宗教化というパラドクスである。冒頭に述べた内閣総理大臣の靖国神社公式参拝もこの問題をはらんでいる。日本国憲法は、20 条、89 条によって国家が宗教にかかわることを禁じている。しかし、この参拝問題や各自治体で見られる違憲訴訟の問題は、国や自治体が行事の宗教性を薄め「非宗教化」を語ることによって、事実上の宗教活動が行われているところにある。これがまかり通ることは、国家が宗教、非宗教の判断を行い、宗教を興したり廃止したりする権限を持つ

注7：「遺族の方は、其のことを考えませんと、何時までも自分の息子という考えがあってはいけない。自分の息子じゃない、神様だというような考えをもっていただかなければならないのですが、人霊も神霊もあまり区別しないというような考え方が、いろいろの精神方面に間違った現れ方をしてくるのではないかと思うのであります。」と前出の鈴木孝雄は述べている（『靖国神社に就いて』）。

ことを意味するのではないか。主権者である国民の意識が問われることになる。明治の発足とともに開発され、今日も見え隠れする「非宗教化」論議と向き合う必要がある。

この「発展」の軌跡を、冒頭で述べた私の「中国での出会い」の背景となる、中国と朝鮮半島に見てみたい。日露戦争終結後日本は1937年、中国東北部に傀儡政権による「満州国」を建国した。ロシアをにらみつつ、地下資源確保のため中国侵略の拠点とするためである。特に関東州（中国遼寧省南部）は、日露戦争後1905年に日本の租借地となり、関東軍が派遣され日本軍国主義の前進基地となっていた。日露講和条約（ポーツマス条約）[8]が締結された直後、1ヶ月後には安東神社（祭神は天照大神）が創建されている。その後次々建てられた神社は、「満州国」建国時に44社を数えていたという。電車が神社前を通過するときは、靖国神社などの慣例にならって「ただいま新京（長春）神社前を通過」とアナウンスし、脱帽、敬礼が求められた。

朝鮮半島においては日本の植民地、皇民化政策がさらに徹底した形態を表している。1919年、朝鮮神宮が樹木の伐採が許されていなかった名勝南山を切り開いて創建された。社名も当初神社であったものを、天照大神と明治天皇を祭神として、神宮に変更されている。この件に関しては当時国内の靖国神社を含む神社神道から、神道思想の変質として反対意見があったのを押さえて、植民地支配としてのシンボリックな宗教装置が創建されたのである[9]。

「今でも日本人クリスチャンは神社参拝をしていますか」との問いは、自らの尊厳を土足で踏みにじられた心情の吐露であろう。「宗教にあらず」と歪曲された「宗教」による暴力の姿が露骨に見られる思いがする。

さて、太平洋戦争に入り戦死者は急増する。靖国神社によると、神として合祀された戦没者は以下のとおりである。

注8：1905年9月5日、アメリカのニューハンプシャー州ポーツマスでアメリカ大統領ルーズベルトの仲介により締結された。この条約で日本の朝鮮半島における政治、軍事、経済的支配をロシアは容認した。

注9：現在、朝鮮神宮跡地は植物園になっており「安重根義士記念館」も建てられている。安重根は明治の元勲伊藤博文を暗殺し、日本ではテロリストとされているが韓国では愛国者、英雄である。

明治維新	7,751
西南戦争	6,971
日清戦争	13,619
台湾征討	1,130
北清事変	1,256
日露戦争	88,429
第1次世界大戦	4,850
済南事変	185
満州事変	17,175
支那事変	191,218
大東亜戦争	2,133,760
合　計	2,466,344　（2000年10月現在）

『かく戦えり、近代日本』靖国神社遊就館刊より。

　合祀のための祭神を決定するためには、1年間で3万人が限度とされている。2百万人を超える戦没者を出した昭和期は、後に合祀費用の捻出が問題化することになった。これが靖国神社「国家護持」構想への引き金にもなったのである。

4　戦後の靖国

　1945年（昭和20）の敗戦にともなう連合軍による占領政策の中で、天皇制・靖国神社問題は非常に困難な課題であったことが理解できる。大江志乃夫は『靖国神社』の中で、占領軍の動向を当時の文書を紹介しながら記述している[10]。

　まず、アメリカの総合雑誌『フォーチューン』である。同誌は1944年4月号を「日本特集号」としている。
　第1章は「惟神の道」であり、当時の日本文化の特質を「惟神の道」に求めている。天皇が日本人の活力、忠

注10：大江、前掲書、20頁以下。

誠心、道徳の拠り所であり、すべての栄誉の根源であるとし、天皇がすなわち日本であるとする。さらに建国神話、三種の神器、「八紘一宇」の思想[11]、伊勢神宮の意味を紹介し、以下のように紹介している。

「これが惟神の道である。これが人びとの胸のうちに天皇と国家とを一つのものと感じさせているのである。神学だの教義だのに基づいてではない。素朴な実践としてのあかき心である。学校で軍隊でまた家庭にあって繰り返し繰り返し教えられ、祝祭日の荘重華麗な式典でいっそうこれを強くせられる」。

もうひとつの文書は、当時のアメリカ国務長官（コーデル・ハル）や極東問題局長（グルー）などによる戦後政策委員会（PWC）が、1944年5月に製作した『PWC文書』である。当時連合軍の間で占領政策は各国の立場が入り乱れ、実に多様であった。その中でこの文書は重要な意味を持っていた。中国は天皇制廃止、アメリカもそれに同調、英国がそれに反対する傾向にあったことが示され、合意への難関であったことがうかがえる。そして日本人の天皇に対する狂信的愛着心から、外から天皇制を廃止しようとしても効果がないであろうと推測し、天皇と軍国主義との制度的つながりをいかにして切断し、日本の非軍事化と民主化を促進するかと結論づけている。さらに国家神道に関しては、「国家主義者によって狂信的なまでに、愛国的かつ侵略的な日本拡大のために利用されている国家主義的天皇崇拝を上乗せせしめてきたという事実により、複雑な状況になっている」とし、神道に対する検討の難しさを示している。

このような検討の結果、連合軍は神道を古神道と国家神道に分け、前者は信仰の自由の対象、後者は世界平和の危機の根源と見た。靖国・護国神社を「ミリタリー・シュライン」として軍国主義解体の一環ととらえ、明治、橿原神宮、官幣社、湊川神社などの別格官幣社なども宗教的

注11：世界を1つの家とするとして、日本の海外侵略を正当化するために用いられた標語。

信仰の場ではないと考えた。

　1945年10月4日、「政治、信教並びに民権の自由に対する制限の撤廃指令」（人権指令）、12月15日には「国家神道、神社神道に対する政府の保証、支援、保全、監督並びに弘布の廃止に関する覚書」（神道指令）が日本政府に発せられた。同時に戦中の治安維持法、宗教団体法が撤廃され、特高警察などが解体された。

　連合総司令部（GHQ）はこれらの指令を発する前に、日本政府と事前折衝をしている。靖国神社を宗教施設として残すか、戦没者追悼施設として残すか、に関してである。日本政府は「一神社」として存続することを選択し、11月20日に閣議決定している。その最大理由は、靖国神社が宗教活動の可能な施設であることにあったとされている。GHQは靖国神社を伊勢神宮とともに、個人的信仰の対象である神社としてこれを容認した。アメリカが先述のように「国家神道」に神経を尖らせつつも、この選択をした背景には戦後の冷戦構造下での戦略が考えられる。共産化を阻止しつつ「民主化、独立」を保障することにあった。戦後政策の中で、封建主義色の強い吉田茂、韓国では軍国主義者の李承晩、台湾では独裁者蒋介石を重視し、協力者のモラルや政治信条より「親米」姿勢を重視したことにもそのことがうかがえる。ここから戦後の靖国・天皇制問題が生みだされることとなった。

　1946年（昭和21）1月1日、昭和（裕仁）天皇は「国運振興の詔書」を表明した。いわゆる「人間宣言」である。裕仁天皇が「現人神」であることを否定し[12]、その上で「象徴」に就任したのが1947年5月3日の日本国憲法発布によってである。当時の政府とGHQは戦前、戦中に国民の中に養われた天皇への親愛の情を、戦後戦略に合わせて再編成するプロセスを生みだしたことになる。

　戦後の象徴天皇制は「即位の礼」、「大嘗祭」などの祭儀や、「国民体育大会」、「植樹祭」などの儀礼を通して、

注12：木下道雄『側近日誌』（文藝春秋）によれば、裕仁天皇は自ら皇祖を否定することになるため、「神の裔」であることは否定していない。

国民を「国家中心」へと統合していく「象徴」となった。メディアの発展を通して、天皇のみならず皇族が大衆の手の届くところに露出され、ソフトな「憧れ」の情を醸成する一方、「菊のタブー」というハードな面というパラドキシカルな性格を併せ持つようになった。靖国神社・天皇制の持つ「非宗教化」と「宗教化」のパラドクスである。このような流れの中で、靖国神社を国家で護持しようとする動きが始められた。

5 靖国神社国家護持への動き

1946年（昭和21）、東京において戦争犠牲者遺族大会が開催され、翌年日本遺族会が結成された。1952年日本遺族会は第4回全国大会で、「靖国神社並びに護国神社の行う慰霊行事は国費又は地方費を以って支弁するよう措置すること」を決議。国家護持運動の始まりである。

同年7月の国会（衆院家族援護特別委員会）で、合祀問題が初めて国会で問題にされた。問題になったのは合祀手続きの遅れである。当時国会における靖国神社側の説明によれば、戦後の合祀予定者200万人のうち未合祀者は120〜30万人におよんだ。膨大な戦死者に関する調査を行う費用は、当時4億円と計上されていた。民間の宗教法人となっていた靖国神社には負担困難な金額である。「その費用を国が負担できないか」という質問がしばしば繰り返されていた。

しかし問題は憲法の政教分離原則である。「憲法違反しない限度におきまして、いかにうまくやるかを靖国神社と相談中」（木村引揚援護庁長官）という国会答弁にもあるごとく、憲法の原則をいかにかわすかに苦慮したことがうかがえる。靖国神社を宗教法人でなくす意見も出始め、1956年の国会では9回にわたって靖国神社が取り上げられた。その中で、合祀費用に関しては靖国神社奉賛会の募金活

第2章 国家と宗教 47

動によって6億円を超える募金が寄せられ、まかなわれることができた。費用は解決できたものの、戦死者に対する国家の関与を主張する保守系議員たちは苛立ちをつのらせ、国家護持の運動を加速させていった。

1963年（昭和38）、日本遺族会が「靖国神社国家護持に関する委員会」を結成。自民党も「靖国神社国家護持に関する小委員会」を結成し、同委員会長（村上勇）名による「村上私案」が作成され、69年には国会に提出された。当時村上委員長は毎日新聞のインタビュー（1967.6.22）で、「春秋の例大祭は自衛隊の軍楽隊を総動員して、にぎやかに軍楽を奏で、その中を陛下、総理大臣以下がお参りするといった光景を実現したい」と述べている。

靖国神社国家護持法案は69年以来74年まで5回にわたって提案され、強行採決などすさまじい攻防戦の結果、5回の提案すべてが廃案となった。"それでは"と「国家護持」を削って「公式参拝」を中心にした「表敬法案」[13]を提出するがこれも通らず、異常な執着心を見せて法案は「幻」となった。ちなみに当時野党の社会党も、自民党への代案として「靖国平和堂（仮称）に関する法律案要綱」を56年3月に発表している。内容的には国家神道の宗教施設ではなく、非宗教の新しい施設への変更案であり、自民党との際立った差異は認められない。いずれにせよ戦死者（自民党案は「国事に殉じた人びと」、社会党案は「国に殉じた国民」）の「国のため」という意味づけは不変である。「国のための死」がもたらした問題が、核心の問題として問われることはなかった。問題は「宗教性」の「除去」にあったといえる。

「国家護持」問題で露出されてきた「非宗教化」問題は注目すべき問題である。つまり、明治の「国家神道」問題との継続性である。地下水のごとく脈々と活き続けている感がある。1966年に政令制定された「建国記念の日」問題も同様であったが、憲法上のネックが出てくると政府は

注13：靖国神社法案が8章39条（附則3条）からなるのに対し、表敬法案はその圧縮版といえる。国家と宗教にかかわる英霊合祀奉斎や公金支出部分を削り、天皇、国家公務員（自衛隊員を含む）の参拝、そして外国使節の表敬訪問を可能にするものである。

「宗教色を薄める」方便を用いてきた。憲法問題を本質ではなく、程度の問題にすり替えてきたといえるのではないか。信教の自由を保障する一方で、国家神道・神社参拝を強制した背景が彷彿として甦る思いである。政府が「宗教色を薄める」ことは憲法が禁じる国家の宗教関与そのものであろう。この「非宗教化」問題こそが、靖国神社問題の核心なのではないか。

6　国立追悼施設

　靖国神社を「非宗教化」するとなると、ことは重大である。国家の宗教法人への介入問題である。1999 年（平成11）8 月 6 日の記者会見で、当時の野中官房長官は、靖国神社を宗教色のない特殊法人化し、A 級戦犯を分祀して内外の公式参拝を可能にする構想を公にした。日の丸、君が代の国旗・国歌法成立の 3 日前であった。しかし靖国神社側の反発により、靖国神社「非宗教化」は八方塞状態になってしまった。

　その状況で浮上したのが国立の追悼施設構想である。2001 年 12 月 19 日、官房長官の私的諮問機関として「追悼・平和祈念のための記念碑等施設のあり方を考える懇談会」（平和記念懇）が設置された。検討課題として国立施設の必要性、内容、名称、場所などが掲げられた。小泉首相の「わだかまりなく追悼の誠を捧げたい」（8 月 13 日、靖国神社参拝後の談話）に基づいて設置されたものである。相次ぐ信教の自由・政教の分離訴訟[14]などから、「非宗教的追悼施設」がしばしば提案されてきた。「戦争をしない・できない国」を憲法で定めてきた戦後の日本は、1997 年 9 月、日米間で合意された防衛協力のための指針（日米新ガイドライン）、さらに 99 年 5 月の周辺事態法、2003 年 6 月 6 日、武力攻撃事態対処法、改正自衛隊法、改正安全保障会議設置法の有事関連諸法の成立を通して、

注14：1965 年津地鎮祭訴訟以来小泉首相参拝訴訟まで、主なもので 20 件近くになる。

「戦争をする国・できる国」への道を拓いた。このことにより予想される「新たな戦死者」への、国としての追悼・慰霊装置の検討開始と考えられる。靖国神社を超えた「新たな靖国」問題である。

　靖国への代案として、国内では「千鳥ヶ淵墓苑」や沖縄の「平和の礎」などが挙げられ、また海外では米国の「アーリントン国立墓地」などがしばしば引き合いに出されている。

　1959年に開設された「千鳥ヶ淵墓苑」は、第2次世界大戦中の遺族が不明であったり、引き取り手のない遺骨が納められている無宗教の国立墓苑（環境省所管）である。1953年に無名戦没者の墓として設立案が出され、性格に関する議論が重ねられた結果6年後に設立されたものである。その間この施設をめぐって、「靖国神社の地位低下」を憂慮する反対意見も見られた。結果的には日中・太平洋戦争の無名の戦没者の35万に及ぶ遺骨が納められている。ちなみに2004年8月15日に小泉首相はこの千鳥ヶ淵墓苑に参拝している。同年4月の靖国神社公式参拝違憲判決やアジア諸国からの批判を考慮した結果であろうか。信教の自由・政教分離に抵触しない無宗教施設であるため、キリスト教、仏教、新宗教などの宗教団体がさまざまな形で追悼行事を行っている。なお毎年8月15日に日本武道館で行われている戦没者追悼式は、かつては千鳥ヶ淵墓苑で行われていた。しかし、「靖国神社地位低下」を憂慮する声の高まりによって、日本武道館に移されたものである。

　沖縄、摩文仁の平和祈念公園にある「平和の礎」（沖縄県所管）は、沖縄戦終結50周年に当たる1995年6月23日に建設された。ここには米軍が1945年3月沖縄に上陸し、9月7日に沖縄守備軍が降伏した間の戦没者名（239,092名、2004年6月現在）が刻まれている[15]。刻名者の国籍、軍属、民間人などの区別はされず、沖縄戦の全

注15：刻名者の出身地別は、沖縄県148,610名、県外75,941名、米国14,008名、韓国341名、北朝鮮82名、英国82名、台湾28名、計239,092名。（2004年6月現在）。

ての戦没者に及んでいることが際立った特徴である。

　靖国神社問題が浮上するたびによく引き合いに出されるのが、米国のアーリントン国立墓地である。米国には 115 の国立墓地があるが、アーリントンは米国陸軍が所管する唯一の国立墓地であり（他の 114 は退役軍人省の所管）、26 万人の「英雄」が埋葬されている。南北戦争時に墓地とされたアーリントンプランテーションが、1883 年以降米国のすべての戦争を象徴する場、「国家の英雄」の眠る場として知られるようになった。「すべての戦争はわれわれアメリカ人自身、そしてアメリカ人以外の人々に自由をもたらすためのものである」。これは 1913 年 10 月、アーリントンに建設されたチャペルの竣工式で行われたウィルソン大統領の式辞の一部である。この戦争理念は、今日のイラク戦争などに見られる米国の外交戦略の根幹に、息づいているように思われる。

　埋葬者は無名戦士のみではない。俳優やスポーツ選手、宇宙飛行士などにも及ぶ。この「英雄」たちは埋葬資格規定に基づいて選ばれるが、すべての無名戦没者が埋葬されているわけではない。各戦争の戦没者の中から無名戦没者が一名だけ選出され、埋葬されている。また特定の宗教のみが重んじられるのではなく、キリスト教各派、イスラム教、仏教、ヒンドゥー教など 26 宗教のシンボルが用意されている。

　さて「国立追悼施設」問題である。問題は、なぜ「国立」なのか、なぜ国家が戦没者を追悼するのかである。戦後、靖国神社問題が露呈する中で、この根源的な問いが整理されたり、議論が深められることはなかった。

　○「戦没者」とは。戦闘員なのか、戦争の犠牲者なのか。外国人は。犠牲者・被害者は加害者ではないのか。
　○目的は何か。このことには「戦争をどう解釈するか」（「戦没者」の理解も同様であるが）が問題になるであろう。
　○戦士を国のため命を捧げた人（英雄）として称え、追

第 2 章　国家と宗教　51

悼するのか。戦争を反省する場なのか。未来を志向する場なのか。特定のメッセージが用意されているのではなく、そこに来る人が自らメッセージを引き出せるものなのか。

　「国立」の追悼施設は、これら複雑に絡み合った問題をはらんでいる。

7　おわりに

　戦争は人の生命が破壊されるにとどまらない。あらゆる生命（被造物）の破壊につながる。グローバルな思考が求められる今、偏狭なナショナリズムは許されない。戦没者を追悼する施設がそのような志向性を持つこと、しかも国家がそれを所管するとなれば、問題は大きいといわざるを得ない。

　「国立」の発想は、特定の宗教、それを国家がある時には歪曲してまで利用してきたことへの行き詰まりから、生じたものであろう。米国のアーリントン国立墓地の多宗教化は、国立であるが故に選択せざるを得ない帰結ではなかったか。しかし今日、その「非宗教化」そして「国立化」の抱える問題は実に大きいものがある。

　大江志乃夫著『靖国神社』の終章に、「靖国の宮にみ霊は鎮まるもをりをりかへれ母の夢路に」という戦中のNHK国民歌謡が紹介されている。この作詞者大江一二三は軍人であり、大江志乃夫の父にあたる。日中戦時下、部下の戦死の際、血まみれの軍服のポケットから母の写真と、その裏に「お母さん、お母さん……」と24回も書かれていたのを知り、送った弔電文がこの詩であった。「父が歌にこめた思いも同じであろうが、私が抱いた素朴な疑問は、一身を天皇に捧げた戦死者の魂だけでもなぜ遺族のもとに返してやれないものか、なぜ死者の魂までも天皇の国家が独占しなければならないのか、ということであっ

た」と述べられている[16]。

　個人の尊厳の根底にあるいのち。それを故人や遺族の意思を無視して国家が管理することは、どういう意図の下に行われることなのであろう。慰霊という宗教性を利用して国家が個人の尊厳を束縛してきた歴史、これを私たちはどう理解し、その歴史と対話しつつ、何を未来に向かって展望するのか。無視することができない課題である。

注16：大江、前掲書、189頁。

【参考文献】

大江志乃夫（2001）『靖国神社』岩波新書。
田中伸尚（2002）『靖国の戦後史』岩波新書。
菅原伸朗編（2003）『戦争と追悼、靖国問題への提言』八朔社。
PHP研究所編（2002）『検証・靖国問題とは何か』。

第II部

キリスト教と暴力

―― 聖書の視点から

II.

第3章 「選民」と暴力
——ボーダーの内と外

水野隆一

1 はじめに——「選民」思想を問題にする動機

　戦争や暴力は、「神」の名によって正当化されるのか。この問いに対して「イエス」と答える人たちは、聖典を引き合いに出して「選ばれた人々」が「聖地」に住む特権を主張し、戦争や暴力を擁護する。確かに、聖典に書かれてあることを読む限りでは、「選民」の優遇は絶対的に（つまり「神によって」）保証されているように思われる。これを容認すれば、暴力を是認しなければならない。

　しかし私は、一人のキリスト教徒として、そのような「選民」思想、「神」理解には違和感を覚える。となると、その根本にある聖典の解釈を問い直さなければならないということになる。これが、ヘブライ語聖書[1]に現れた「選民」思想を取り上げようとする第一にして最大の動機である。

　その際に採る手法は、ヘブライ語聖書の中にある複数の認識や主張（「声」）を明らかにし、そこから従来の一般的な理解を問い直すという、脱構築的な方法である。そこで明らかになるのは、「選民」の境界(ボーダー)が極めて曖昧なものだということである。そして、「選民」の境界が曖昧な故に、その内に向かっても、外に対すると同じく、暴力が行われるということについて、ヘブライ語聖書の物語から実例を見ていくこととする。その上で、暴力を乗り越えるための聖典の読みを探っていきたい。

　私の立場について、一言説明しておきたい。「選民」の問題をヘブライ語聖書から問おうというのは、「選民」とい

注1：キリスト教で「旧約聖書」と呼び習わされてきた聖典。「旧約聖書」という語は、キリスト教の「新約聖書」に対応するものである。ユダヤ教ではこれのみを「聖書」として認めている。ユダヤ教との対話が進められるに従って、お互いの立場を尊重することが一般的となり、「旧約聖書」も「第1聖書（the First Bible）」あるいは「ヘブライ語聖書（the Hebrew Bible）」と呼ばれることが多くなってきた。

う思想がユダヤ人あるいはユダヤ教と深く結びついていることもあるが、何よりも私が、ヘブライ語聖書を専門に研究していることに端を発している。聖書を「文字通りに」受け取るキリスト教保守派・原理主義にしばしば見られる「選民」であるという自覚に基づいた優越的な態度を避けながらも、「ユダヤの陰謀」などという何の根拠もない謬説を唱える反セム（ユダヤ）主義に陥ってはならないと考えている。むしろ、「複数の声」がヘブライ語聖書にあることを明らかにして、そこから、さらに他のすべての「選民」思想、自分たちだけが特別な存在なのだとする考え方一般（排他的な民族主義、排他的な宗教的信条）に対して、その問題性を問うきっかけにしたいと願っている。

　もう一つ、私がこのような問題に関心を持つようになった要因がある。それは、パレスチナ問題とそこで聖典が「利用」されている方法である。

　「聖地」パレスチナにおける紛争は、元来は政治的、経済的なものであるし、その起源も、20世紀初頭のヨーロッパ列強、ことに、オスマン・トルコを破ってパレスチナの支配権を掌握したイギリスの政策によって引き起こされたものである[2]。しかしその一方、宗教勢力、とりわけ原理主義勢力がパレスチナ問題の一方的な（「イスラエル共和国」[3]あるいはパレスチナ・アラブ人のどちらかにとってのみ有利な）解決を望み、テロや戦争をはじめとする暴力を用いてまで自分たちが望む「解決」を達成しようとしているのも事実である。また、ことにアメリカの保守的キリスト教会は、原理主義的な聖書解釈から「イスラエル共和国」を支持し、具体的には「聖地旅行」を行うことで、一方を支援している。

　この紛争に関係しているのはいずれも、「アブラハム的一神教」（ユダヤ教、キリスト教、イスラム）の信者ということになっている。ヘブライ語聖書（創世記）に記されている最初の一神教信者、アブラハムの子孫であることを、そのアイデンティティとしている。従って、とくにユダヤ人がパレ

注2：1915年「フセイン＝マクマホン協定」によりアラブ人国家建設を約束、1916年の「サイクス＝ピコ協定」ではイギリス、フランス、ロシアによるパレスチナ分割を協議、1917年「バルフォア宣言」においてはユダヤ人国家建設を支持するなど、イギリスは「三枚舌」とも呼べる対応を行った。これが現在のパレスチナ問題の発端となっている。

注3：本章では、古代における「イスラエル」と区別するために、必ず「イスラエル共和国」という表記を用いる。

スチナを自分たちの土地であると主張する際、その宗教的（そして歴史的）根拠をヘブライ語聖書に求めることが広く行われているし、キリスト教もそのように読んでいる。しかし、アブラハムの「子孫」にパレスチナが与えられた（創世記12:7）ことを根拠として持ち出せば、同じくアブラハムの子孫であることを主張しているパレスチナ人も同様の議論を展開できることになる。こうして、聖典を根拠にした主張は堂々巡りに陥ることになるはずである。

それにもかかわらず、パレスチナ紛争では今も、それぞれの権利が宗教的に、聖典を利用して主張され、そのことによって暴力の行使すら肯定されていることは、周知の事実である。この現実に挑戦し、和平実現の道筋を探るために、聖典を新たに読み直す必要がある。これがもう一つの動機である。

2　「選民」思想

ヘブライ語聖書の基幹となる物語は「土地取得」という神話である。この神話は、申命記 26:5-9 に端的に記されている[4]。

> わたしの先祖は、滅びゆく一アラム人であり、わずかな人を伴ってエジプトに下り、そこに寄留しました。しかしそこで、強くて数の多い、大いなる国民になりました。エジプト人はこのわたしたちを虐げ、苦しめ、重労働を課しました。わたしたちが先祖の神、主〔ヤハウェ〕[5]に助けを求めると、主はわたしたちの声を聞き、わたしたちの受けた苦しみと労苦と虐げを御覧になり、力ある御手と御腕を伸ばし、大いなる恐るべきこととしるしと奇跡をもってわたしたちをエジプトから導き出し、この所に導き入れて乳と蜜の流れるこの土地を与えられました。

注4：聖書の引用は、新共同訳（日本聖書協会）による（以下同じ）。

注5：この神の名は yhwh の4つの子音で記されているが、どのように発音されていたかは分からない。ユダヤ教で、神の名をみだりに唱えることをはばかって（出エジプト記 20:7 参照）、「アドナーイ」と読み替える習慣があったためである。研究者の間では、学問的に推測される読み方「ヤハウェ」を用いるのが普通である。

ここに言われているのは、後に「イスラエル」と呼ばれるようになる民が、民族の神（「先祖の神」）ヤハウェの約束と導き入れにより、カナン（現在のパレスチナ）に入植し、そこに国家を建設したということである。G・フォン・ラートはこの「告白」を「小祭儀信条」と呼び、この文章が拡大・潤色されて、後に、現在ヘブライ語聖書の冒頭（創世記〜ヨシュア記）に見ることができる大きな物語となったと考えている。出エジプトと土地取得の物語は、この後の歴史観にも影響を与え、バビロニア捕囚[6]からの帰還の際にも、そのイメージが用いられた[7]。

　自分たちに与えられた「約束の地」に先住民のあったことは意識されていたので、先住民をどのように扱うべきかということについても記されている（申命記 7:1-8）。

> あなたが行って所有する土地に、あなたの神、主があなたを導き入れ、多くの民、すなわちあなたにまさる数と力を持つ七つの民、ヘト人、ギルガシ人、アモリ人、カナン人、ペリジ人、ヒビ人、エブス人をあなたの前から追い払い、あなたの意のままにあしらわさせ、あなたが彼らを撃つときは、彼らを必ず滅ぼし尽くさねばならない。彼らと協定を結んではならず、彼らを憐れんではならない。彼らと縁組みをし、あなたの娘をその息子に嫁がせたり、娘をあなたの息子の嫁に迎えたりしてはならない。あなたの息子を引き離してわたしに背かせ、彼らはついに他の神々に仕えるようになり、主の怒りがあなたたちに対して燃え、主はあなたを速やかに滅ぼされるからである。あなたのなすべきことは、彼らの祭壇を倒し、石柱を砕き、アシェラの像を粉々にし、偶像を火で焼き払うことである。
>
> あなたは、あなたの神、主の聖なる民である。あなたの神、主は地の面にいるすべての民の中からあなたを選び、御自分の宝の民とされた。主が心引かれてあなたたちを選ばれたのは、あなたたちが他のどの民よりも数が多

注6：前587／6年、ユダ王国が新バビロニア帝国によって滅ぼされ、王や王族、貴族、富裕層などがバビロンに強制移住された出来事（列王記下 25:8-12）。単に「捕囚」と呼ぶこともある。538年、新バビロニア帝国がペルシャ帝国によって滅ぼされ、捕囚のユダヤ人は「約束の地」への帰還を許可された（エズラ記 1:1-4）。この間を「捕囚期」、帰還許可後を「捕囚後」と呼ぶ。

注7：従来の聖書学ではこのように考えられてきたが、私は、この逆を考えている。つまり、バビロニア捕囚から「約束の地」への帰還を宗教的、民族的、歴史的に正当化するために、出エジプトと土地取得物語が創作されたのではないかと想定している。

> かったからではない。あなたたちは他のどの民よりも貧弱であった。ただ、あなたに対する主の愛のゆえに、あなたたちの先祖に誓われた誓いを守られたゆえに、主は力ある御手をもってあなたたちを導き出し、エジプトの王、ファラオが支配する奴隷の家から救い出されたのである。

ここには、イスラエルこそが特別に選ばれた民族（「宝の民」）であるという自意識が、明瞭に記されている。そして、先住民を駆逐する「聖絶」が明確に命令されている。しかし同時に、先住民との結婚を禁止しているので、一方では、先住民との共存（共栄ではないにしても）も想定していることがうかがわれる。駆逐し、なおかつ共存するというのは不可能なので、この時点で既に矛盾が生じていることになる。

実は、このような選民思想が生まれたのは、弱小民族・国家が存亡の危機にあったときであると考えられる。それは、引用した聖書箇所の後半に、はっきりと認められる。「イスラエル」を名乗る王国は前722年にアッシリアによって滅ぼされ、捕囚まで存続したユダ王国も常に、超大国（メソポタミア、エジプト）の脅威にさらされていた。自分たちが弱小民族・国家であるということは否応なしに意識させられ（「他のどの民よりも貧弱」）、超大国の間で生き残って行くための政治的・軍事的政策を採らざるを得なかった。歴史の内、多くの部分は、アッシリアの属国となり朝貢することで、安全を手に入れていたのである。このような状況下にあったので、生き残りだけでない、存在意義を確認するための思想を必要とした。それが「選民」思想であると考えられる。言い換えれば、弱者が、強者に服従していることをはねのけようとし、他方でそのような屈辱的な状況にあっても耐えて生き延びようとする、二面性を持った思想だと言えるだろう。

「イスラエル」と呼ばれる民族の歴史の中で、理想とさ

れる時代がある。ダビデとその子ソロモンが王として統治していた時代である（前1000年頃～922年頃）。この時代、エジプトとメソポタミアの両超大国は国内の紛争などによって国力を落とし、周辺に覇権の手を伸ばすことができずにいた。その間隙を縫って、イスラエルとユダの連合王国（ダビデ、ソロモンを共通の王とする同君連合）は、数十年、超大国から独立していた[8]。この時代の記憶が理想化され、ダビデは王として理想の存在となった。ヘブライ語聖書にその著作の残る歴史家（「申命記的歴史家」[9]）は、この「成果」を神への信頼、とりわけ、申命記に記されている法律の遵守によって得られたものだとしている（申命記17:18-20）。

このため、孤立政策がよしとされ（例えば、イザヤ書8:11-13）、超大国への従属によって安全を図った王（例えば、マナセ）は、たとえ長期間にわたって平和と繁栄をもたらしたとしても、「ヤハウェの目に悪とされる」（列王記下21:1-18）。これに対し、おそらく申命記の中核部分と考えられる律法を忠実に実行した王（とくにヨシヤ）は、「父祖ダビデの道をそのまま歩み、右にも左にもそれなかった」（22:2）と賞賛される。これは、政治・政策という点から見ると、現実離れした理想論であると言わざるを得ない。

3　曖昧な境界

では、誰が、この「選ばれた民」「イスラエル」として認められるのだろうか。ヘブライ語聖書には、2つの公式見解が記されている。

公式見解1：エジプトを脱出した人およびその子孫

> モーセが神のもとに登って行くと、山から主は彼に語りかけて言われた。
> 「ヤコブの家にこのように語り
> イスラエルの人々に告げなさい。

注8：私見によれば、前10世紀というダビデ・ソロモンの時代設定はかなり無理があるように思われる。むしろ、後に言及するヨシヤ王の時代（在位641-609年頃）に獲得された独立と支配（列王記下22:1-23:30参照）を正当化するために、「建国神話」を創作したと考えるのが、妥当であろう。

注9：M・ノートによって導入された概念。ヘブライ語聖書の内、申命記から列王記まで（ルツ記を除く）を書いたとされる。ノートは一人の作者を想定したが、後に「学派」による作品と考えられるようになっている。

> あなたたちは見た
> わたしがエジプト人にしたこと
> また、あなたたちを鷲の翼に乗せて
> わたしのもとに連れて来たことを。
> 今、もしわたしの声に聞き従い
> わたしの契約を守るならば
> あなたたちはすべての民の間にあって
> わたしの宝となる。
> 世界はすべてわたしのものである。
> あなたたちは、わたしにとって
> 祭司の王国、聖なる国民となる。
> これが、イスラエルの人々に語るべき言葉である。」
> 　　　　　　　　　　　　　　（出エジプト記 19:3-6）

公式見解２：バビロニア捕囚から帰還した人々

> 捕らえ移された先から上って来たこの州の人々は次の通りである。彼らはバビロンの王ネブカドネツァルによってバビロンに連行されたが、それぞれエルサレムとユダにある自分の町に帰った者たちである。　　（エズラ記 2:1）

　公式見解１の前提として、ヤコブの息子12人から生まれた子孫であるという条件があるので（出エジプト記 1:1-5）、これを考慮して２つの公式見解をあわせると、「ヤコブと一緒にエジプトに移住した12人の息子の子孫であり、エジプトを脱出してカナンの地に定着していて、その後バビロンに捕囚となった人々の内、『約束の地』へと帰還した人々（とその子孫）」が、「選民」ということになる。この内、ことに、第２の公式見解こそ、その後の「ユダヤ人」理解の元になったものであると言うことができる。
　このように、ヘブライ語聖書における「選民」思想は確固としたものであると考えがちであるが、テクストを精密に

見ると、「選民」に関する物語の定義には「揺れ」がある。これを指摘しておくことは、「選民」に関して考える際に重要であると思われる。

第1の公式見解については、エジプトを脱出した人の中に「種々雑多な人々」(出エジプト記12:38、新共同訳)がいたという、奇妙な記事がある。ここで「種々雑多な人々」と訳されている語「エーレブ」は、ネヘミヤ記13:3、エレミヤ書25:20、50:37、エゼキエル書30:5にしか用いられない。そのために語義の決定が難しい。しかし、「混ぜ合わせる」という意味の語根 '-r-b から派生していると考えられるので、「混ざっているもの・混ぜられたもの」という意味にとれる。「イスラエルと他民族との結婚によって生まれた人々」を意味するのかもしれない。「イスラエルと混じって暮らしていた人々」を表す可能性もある。いずれにせよ、創世記や出エジプト記がとっている「同族結婚の中での純血主義」[10]という原則からはずれる人々が、エジプトを脱出し、「選民」となっている。

公式見解2に関して疑問を起こさせる記事は、この帰還の許可、あるいは命令そのものに関してである。この「選民」性は、ペルシャ王の許可に基づいている。帰還した人々の指導者、ゼルバベルとイエシュア自身が言っているように、「わたしたちの神のために神殿を建てるのは、……わたしたちに託された仕事です。ペルシャの王キュロスがそう命じたのですから」(エズラ記4:3)。

これは極めてアイロニカルな状況だと言うことができる。というのも、「聖地」に住む権利は、アブラハム—イサク—ヤコブのように神との「契約」によって保証されるのでも、先祖の所有という内部的な理由によって支えられるのでもなく、ペルシャによる裁可・認定にのみ根拠を持っているからである。この後も、エズラ・ネヘミヤ記が「敵」(4:1)に対する議論の根拠としているのは、常に、「キュロスの許可」の一点である (5:13他参照)。

注10：アブラハムの妻サラは異母妹であり（創世記20:12）、アブラハムは息子イサクの結婚相手に、わざわざ自分の父方の親族を選ばせる（24:4）。結果、アブラハムの弟ナホルの孫でもあり、もう一人の弟ハランの曾孫でもあるリベカが結婚相手として選ばれる（24:24。11:29、22:20-23参照）。イサクとリベカの間に生まれたヤコブは、リベカの兄ラバンの娘、レアとラケルの2人と結婚する（29:15-30）。このように、アブラハム—イサク—ヤコブと続くこの家系は、同族結婚を繰り返している。

これは、ヘブライ語聖書でこれまで主張されてきた、大国の政治力・軍事力からの独立と、その思想的な背景としてのヤハウェへの信頼という「選民」性の議論とは真っ向から対立する主張であると言えるだろう。大国の保護の下、その属国として生き延びることを余儀なくされた民がやむを得ず選んだのだろうが、この主張自体が「選民」に疑問を投げかけるものである。「選民」とは宗教的・信仰的な事柄ではなく、極めて政治的なものだとは、ヘブライ語聖書全体を通じて言えることではあるが、ことにエズラ・ネヘミヤ記では顕著である。

このように、公式見解を掲げながらも、「選民」に関して、実際は、混乱し、曖昧な境界線のあることが、ヘブライ語聖書からは読み取れる。

4　境界の外へ向けて

アイデンティティには、2つの定義の仕方がある。
　　（ア）「私（たち）は〜である」
　　（イ）「私（たち）は〜ではない」
前段で論じた2つの公式見解が（ア）型のアイデンティティ定義であるとすれば、「選民」の外と認定された人々に対する態度は（イ）型の定義に基づいているといえる。

境界の外に対しては、ヘブライ語聖書において、大きく分けて4つの態度があると言える。
　　①排他主義
　　②孤立主義
　　③勝利主義
　　④改宗主義
「排他主義」はエズラ・ネヘミヤ記において顕著に見られるもので、選民でないものを「敵」と想定する。初めて周辺の人々が登場する場面から、「敵」と呼ばれる（エズラ記4:1）。この後、「敵」の範囲は広がり、最終的には「す

べての敵」という言葉で一括して記される（ネヘミヤ記2:10、3:33、4:1、6:1、15）。

これに対し、「孤立主義」はエゼキエル書に特徴的なもので、他の国や民について関心を持たない態度である。無論、「最終戦争」(38-39章) が描かれはするが、その後の「理想のイスラエル」(40-48章) 像においては、他の民どころか、周囲の地域のことすら関心の対象とはならない。「聖地」だけに関心を寄せ、12部族による均等な分配と、中心となる「神殿」の再建だけを図式的に示す。

一方、イスラエルが諸国民の「上」に上げられるという「勝利主義」も見受けられる（イザヤ書2:2-4＝ミカ書4:1-3）。一見平和主義のようにも見えるが、前後に「戦車」や「剣」「槍」などへの言及があり、これはイスラエルが勝利した後の平和、「イスラエルの平和（パックス・イスラエリ）」を謳っているものだと考えられる。

「改宗主義」は、エステル記の結末部分に描かれる。ハマンによるユダヤ人抹殺の陰謀がひっくり返され、「ユダヤ人になろうとする者が多くでた」(8:17)、「ユダヤ人の味方になった」(9:3) という形での「勝利」をうたいあげている。

このほかに、ヘブライ語聖書には通常、「普遍主義」と呼ばれる立場があるとされる。イザヤ書に含まれる「しもべの歌」(52:13-53:12) やルツ記が、その代表的なものとしてあげられることが多い。ところがテクストを読む限り、「普遍主義」はヘブライ語聖書には認められないと結論する方がよいように思われる。ルツ記の物語を例に挙げると、「選民」の内と外を分ける境界線があることは明らかであり、さらに、その「選民」の中では「家父長制」というシステムが働いていて、その中でしか女性や「選民」でないものは生きることができないことは自明のこととされている。その意味で、「普遍主義」と呼ぶことはできない。

このような「選民」の外への態度は、いずれの場合においても、いわば、生存を賭けた闘いから生まれたもので

あろう。それは、宗教的なものであるというよりは、政治的・社会的なものであると考えられる。そして、そのような動機に対して絶対的な（「神からの」）裏付けを与えるために、宗教的な言語が用いられていると言える。

5　内へと向かう境界の圧力

　先に見たように「選民」の境界が曖昧なものだとしても、一旦定義してしまった以上、「選民」の内と外とを分ける必要が常に生まれてくることになる。この境界は元来曖昧なものであったので、内部に向かっては、かえって、「誰が本当に『選民』なのか」という方向に圧力を強める。その意味で、常に限定的、排除的に働くと言えるだろう。そのような例を、ヘブライ語聖書の中から、いくつか見ていこう。

　レビ記 19 章 [11] を見ると、「聖なる者となれ」という命令（2節）が全体の倫理的な命題をまとめるものとして置かれている。ヘブライ語における「聖（k-b-d）」とは、「切り離されたもの」「別のもの」という概念を表す。言い換えると、「『選民』であるならば、こういうことをして当然だ」、つまり、「選民」として他の人々とは別の生活様式を持つ者となれというのである。これは宗教面、それも倫理的な側面における圧力と言っていいだろう。このような、信者に対する倫理的な要請は、アブラハム的一神教に共通する特徴でもあり、これらは「倫理的一神教」とも呼ばれる。「真の〇〇（ユダヤ人、キリスト教徒、ムスリムなど）であれ」という要求が境界の内側に対してのみ有効であることは言を待たないが、同時に、繰り返して常に求められていることも事実である。また、この種の圧力が、宗教的テロを起こさせる力ともなっている。

　エズラ記 9 〜 10 章には、公式見解 2 によって「選民」と認められていた人々が異民族の女性と結婚していたこと

注 11：「聖であること」に強い関心を示しているため「神聖法集」と呼ばれるコレクション（レビ記 17 - 26 章）の一部である。このコレクションは、より古い「契約の書」（出エジプト記 20 - 23 章）や「原申命記」（申命記 12 - 26 章）を元に、捕囚期、あるいは捕囚後に成立したと、聖書学では考えられている。

第 3 章　「選民」と暴力　67

注12：エズラ記 7:7によれば、エズラがエルサレムに派遣されたのは「アルタクセルクセス王の第7年」とあり、このアルタクセルクセスを「Ⅰ世」とすれば前458年となる。この年代については異論も多く、アルタクセルクセスⅠ世の「37年」と読み替えて前428年とする説、「7年」はそのままでアルタクセルクセスは「Ⅱ世」のことであると考えて398年とする説などがある。

が問題として提示され、それがどのように「解決」されていったかが記されている。ペルシャ王アルタクセルクセス[12]によって「律法を知らない者には……教えを授けよ」と任命されたエズラであるが（エズラ記 7:25）、エズラ記に記される活動はこれのみであり、エズラはこの件についてのみ施策を行ったことになる。とすると、「掟と法」とは、「選民」を「雑婚」から守るということになる。エズラ・ネヘミヤ記は、その最後にも、異邦人の女性との結婚を問題として取り上げており（ネヘミヤ記 13:23-31）、現在の物語からすると、これが最大の関心事である。

この「問題」に関する対策は、「律法に従って」「（異民族の）嫁と嫁の生んだ子をすべて離縁」するというものであった（エズラ記 10:3）。スロントヴァイトはこの「申し出」が「自発的」に行われたものだとして弁護しようとしているが、弁護の必要なほど、現代の読者から見れば非人道的な施策であることを露呈していると言えるだろう。よしんば人々（の代表）が申し出たにしても、その直前には「涙ながらに」祈るエズラの長い言葉がある（9:6-15）。これは「祈り」の形を取っているものの、「神殿の前で」行われて民衆は聴いており（10:1）、実質的には「説教」ないしは「勧告」であった。宗教と政治の両方の権威を有する人物が「罪悪」と告白／告発している事柄を、誰がそうではないと言うことができるだろうか。

異民族との結婚を禁じる命令は、この章の最初に引用した申命記 7:3 に記されている。「彼ら（約束の地の先住民）と縁組みをし、あなたの娘をその息子に嫁がせたり、娘をあなたの息子の嫁に迎えたりしてはならない」。その理由として、結婚によって文化、ことに宗教上の習慣が移植されてきて、「純粋な」ヤハウェ信仰が失われることへの懸念が上げられている（上述引用参照）。申命記には、次のような「嫌悪」とも呼べる感情に基づいた規定が記されている（23:3）。

> 混血の人は主の会衆に加わることはできない。十代目になっても主の会衆に加わることはできない。

しかし、このような他の民族に対する嫌悪は、そのようにしてまで守らなければ、「選民」としてのアイデンティティが保たれないということを表しており、「選民」という根拠の脆弱さを暴露しているとも読める。「選民」の内と外を隔てる境界を明確に保とうという努力なしには、「選民」は存続さえ危ういものであるという危機感が、エズラ・ネヘミヤ記の記述からはうかがえる。だからこそ、境界の内に対しては、「選民」であり続けることを要求するのである。

ところが、申命記23章は、先程の言葉に続けて、イスラエルと交渉のあった他の民族について、次のようにも記している（4節、8-9節）。

> アンモン人とモアブ人は主の会衆に加わることはできない。十代目になっても、決して主の会衆に加わることはできない。……エドム人をいとってはならない。彼らはあなたの兄弟である。エジプト人をいとってはならない。あなたはその国に寄留していたからである。彼らに生まれる三代目の子孫は主の会衆に加わることができる。

アンモン、モアブ、エドムといった周辺の民族は、創世記の記述によれば、いずれも「イスラエル」に近いと考えられている。モアブとアンモンはアブラハムの甥ロトから出たとされ（19:30-38）、エドムに至ってはヤコブの兄エサウを祖とする（36:1）。これらの物語が実際の血縁を表しているとは考えられないが、それでも、これらの民との「近しさ」は表しているのだろう。そうすると、このような態度の違いはどこに起因するのだろうか。このような「揺れ」はむしろ、「選民」の恣意性を明らかにしているように思

第3章 「選民」と暴力　69

われる。

　士師記19～21章には「ベニヤミン戦争」と呼ばれる、イスラエル内部での戦いの記事がある。ことの起こりは、ベニヤミン部族の領域にあるギブアという町で起こった集団レイプ事件である。これをきっかけに、ベニヤミン対他の11部族という戦争が起こり、ベニヤミン族の敗北という結果に終わった。

　「イスラエルの中で極悪非道なこと」が行われたので(20:6)、それを「制裁」する(20:10)、「イスラエルの中から悪を取り除く」(20:13)ために行われた戦争であるという大義名分が記されている。これは、「選民」の中で「選民」にふさわしくない行いがあったときに、暴力をもってまで、その行いを正そうという内への圧力が働いている物語である。

　しかし、この物語は、単純なものではない。その最後に、他の部族は、ベニヤミン族の男性と自分たちの部族の女性とを結婚させないということを誓う(21:1)。興味深いのは、ここでもまた、エズラ・ネヘミヤ記と同じように、結婚が問題となっているということである。ことの起こりの集団レイプ事件も、一組の夫婦の問題から始まった(19:1-2[13])。さらには、この女性のレイプが起きたのも、家の中にいる誰かが彼女を群衆の中に投げ込んだからであるが(19:25)、それが誰によって行われたかは明確に記されていない。また、彼女の夫は彼女の体を12に切り分けて各部族に送りつけるが、その際、彼女がまだ生きていたのか、既に死んでいたのかも明らかではない(19:29)。このように、徹底的に痛めつけられた1人の女性から物語は始まって、最終的には、公に認められた400人(21:12)とさらに多くの女性の略奪(21:23)(とその結末としてのレイプ)として終わることになる。

　エズラ・ネヘミヤ記でも「離縁」されたのは異民族の女性とその子どもたちであったように、境界の内への力は、

注13：新共同訳は女性が夫を「裏切り」と訳し、この夫婦の危機は女性によって引き起こされたように訳している。しかし、「怒った」と訳すことも可能である。

「選民」のなかでも弱者に対して強硬に働くと言えるだろう。大義名分は達せられても、そのために、女性が、いわば使い捨てにされることを、物語ははっきりと描き出しているのである。このような物語を現代的な感覚で読むとき、「選民」という境界そのものに対して疑問を抱かざるを得ない。

6　おわりに —— 新しい聖典の読みに向けて

　物語は、アイデンティティを形成し、共同体をつくりあげる力を持っている。「大きな物語」は、それによって個人の物語を解釈させる、あるいはその中に自分と同じ経験を見つけて共感するといった方法で、人々を結び合わせてきた。民族や国家、あるいは宗教団体といった、より大きな共同体は、このことを知り、それぞれに基礎となる物語（「神の選び」「建国神話」など）を作り上げて、それぞれのメンバーが共同体に対して帰属意識を持つことができるようにしむけてきたのである。

　しかし同時に、そのような物語に基づく共同体形成は、共同体側が疎外するにせよ、個人が帰属を拒むにせよ、その中に「含まれない者」を生み出す。その物語が曖昧なものであり、しかも外にいる者を排除し、内にいる者、ことに弱者に対する圧力として働くものだとすれば、そこからどんなアイデンティティと共同体を造り出すことになるのだろうか。

　これまで見てきたように、ヘブライ語聖書における「選民」という神話は、「約束の地」に生き続ける権利の主張であり、実際は、生き残りのための拠り所、また同時に劣等感を跳ね返すための思想として生み出されてきたものだったのである。ところが、「選民」思想は、往々にして、「選民」自身によっても、それに対して嫌悪感を抱く人々によっても、「神」という絶対者によって権利を保障するもののように

考えられる。

　しかし、エズラ・ネヘミヤ記が示しているように、「選民」の存在規定は内的にはあり得ず、「選民」である自分たちを支配する帝国の裁可によって保証されているという矛盾を抱えている。「選民」の境界は、宗教的なもの（「神によって選ばれた」）ではなく、政治的・社会的なものなのだということが、明らかになる。さらには、ヘブライ語聖書の中には、誰が「選民」であるのかということに関して、理解に「揺れ」がある。

　このように、全体としてみた場合、「揺れ」、「複数の声」がある書物を根拠に、「選民」、つまり「聖地」に生きる権利を持つ者を規定することは困難である。1つの解答は、ある特定のテクストから、ある特定の解釈原理に従って導き出されたものに過ぎない。それがまさに、ヘブライ語聖書を典拠に「聖地」での生存、「選民性」を主張する原理主義的な読みの持つ問題を明らかにしている。さらには、「選民」という思想が、ことに境界の内側にいる弱者に対して、ことに厳しく作用することは、境界を明確にしようとする試みに対してその有効性を問題にしていると言えるだろう。

　冒頭にも述べたように、現在のパレスチナ紛争は元来、経済的、社会的、政治的なものであるが、その紛争を助長する保守宗教政党や「聖書主義」を掲げて「イスラエル共和国」を支持するキリスト教保守派、あるいはハマスやイスラム原理主義運動があるのも事実である。これらの宗教勢力への反論は、同じ典拠、聖典を用いながら、異なる視点での読みを提示する必要があるように思われる。

　新たな読みの戦略としては、
　①テクストの歴史性＝「神による選び」も「建国神話」も、物語は「聖地」での生存を賭けた闘いのために創作され、その物語によって「選民」が生み出されることを明らかにする

②テクストの戦略性＝これらが創作された物語にすぎないこと、つまり、「史実」や「証拠」ではないことを明らかにしながら、物語そのものの持つ戦略を暴いていく

③テクストの複数性＝物語の内部で「選民」の内と外の境界線が「揺れている」ことを明らかにし、1つの読みで多様性を持つ全体をまとめようとする読みを疑う

④テクストの暴力性＝「選民」のための境界が決められると、外の者に対してと同じく、その内にいる弱者に対して厳しい圧力が働くことを告発する

⑤解釈の戦略性＝そのような物語を、現代の主張のために根拠として利用しようとする読み手の戦略を明らかにする

ことが考えられる。こうして、同じ聖典を用いながら、原理主義を超える読みを打ち出すことができるのではないかと、私は考えている。

　このような戦略的な読みによって、パレスチナにおける紛争への示唆が見いだせると考えるが、それ以上の広がりも期待できる。というのも、排他的な民族主義やあらゆる原理主義は、たとえ聖書やクラーンのような聖典を持っていなくても、それぞれが典拠とする物語なり神話を持っていて、その（1つの）解釈によって成り立っているという点で共通しているからである。また、常に境界（「誰がこのグループに属するか」）の問題を抱えており、「真の○○」であることを構成メンバーに要求するという点で、ヘブライ語聖書の「選民」と変わらない。これらの「選民」思想に対して、同じ手法で、その戦略と問題を暴いていくことができるものと思われる。

　「神」の名によって一方的な「正義」や暴力が正当化され、実際に人間が殺され、抑圧されている現代、聖典を暴力克服のために解釈することは、以前にもまして緊急の課題となっていると言えるだろう。

【参考文献】

M.A. スロントヴァイト（1997）『エズラ記・ネヘミヤ記　現代聖書註解』水野隆一訳、日本基督教団出版局。
髙橋和夫(1992)『アラブとイスラエル ── パレスチナ問題の構図』（講談社現代新書）講談社。
Ph. トリブル（1994）『旧約聖書の悲しみの女性たち』河野信子訳、日本基督教団出版局。
広河隆一（2002）『パレスチナ　新版』（岩波新書）岩波書店。
水野隆一（2002）「選ばれたものの内と外 ── 聖地・民族・排他性」『関西学院大学キリスト教と文化研究』第4号、関西学院大学キリスト教と文化研究センター、1-10頁。
G・フォン・ラート（1969）「六書の様式史的問題」『旧約聖書の様式史的研究』荒井章三訳、日本基督教団出版局、3-125頁。

第4章　イエスの非暴力

嶺重　淑

1　はじめに——キリスト教と暴力[1]

「キリスト教と暴力」という表現は、奇異な印象を与えるかもしれない。キリスト教は一般に愛の教えを説く「愛の宗教」と見なされており、その意味でも、暴力とは無縁の、いや真っ向から暴力を否定する宗教というイメージを強くもっているからである。しかしながら、現実のキリスト教は必ずしもこのような愛のイメージと一致しておらず、問題はそれほど単純ではない。事実、歴史上のキリスト教会は、十字軍、魔女裁判、ユダヤ人迫害[2]に代表されるように、愛とは無縁の「暴力」行為を組織的に繰り返してきたのであり、現にこの21世紀に入ってからも、「キリスト教国」アメリカによってアフガニスタンやイラクに対する攻撃という形で「暴力」が続けられている。そのような現実に目を向けるとき、キリスト教は暴力とは無縁の宗教であるとはとうてい言えないのである。

ここでは、このような点を踏まえつつ、それではイエスは暴力をどのように捉えていたのかという点について、新約聖書から学んでいくことにしたい。

2　イエスの「非暴力」

新約聖書の福音書にはイエスは「非暴力」の人として描かれている。紀元前5、6年頃にガリラヤのナザレで生まれ育ったとされるイエスは、成人した後にガリラヤで

注1：「暴力」の定義は、社会的・文化的背景によって微妙に異なり、決して一様ではない。対人的な暴力についても、相手の身体を傷つける一般的な意味での暴力のみならず、「言葉の暴力」に代表されるような精神的苦痛を与える行為も広い意味では暴力に含まれる。ここでは「暴力」を物理的な対人的暴力、すなわち他人に身体的な危害を及ぼす行為に限定して考えることにする。

注2：早くも紀元2世紀に反ユダヤ主義的な傾向がキリスト教著作家の著述の中に見られるようになったが、中世以降、キリスト教会の主導によってユダヤ人に対する組織的な迫害が行われるようになり、反ユダヤ主義はその後ヨーロッパ全域に蔓延していった。前世紀のナチスによるユダヤ人大量虐殺（ホロコースト）は、ヨーロッパにおける反ユダヤ主義の一つの帰結であるといえる。

宣教活動を開始し、特に貧しい民衆に対して神の国の福音を宣べ伝えていくが、次第に彼の教えは当時のユダヤ教指導層から危険視されるようになった。数年間のガリラヤでの活動の後、イエスは弟子たちを伴ってエルサレムに向い、ろばに乗って平和裏にエルサレムに入場するが、間もなく反逆者として捕らえられ、十字架刑に処せられ、地上での生涯を終えるに至った（A.D.30年頃）。当時、熱心党（ゼロテ党）[3]が武力によって支配層に抵抗しようとしたのとはまったく異なり、イエスは武力を用いずに自らの教えを伝えようとしたのであり、その意味において、イエスの生涯は非暴力を貫いた生涯であったと見なすことができるであろう。

イエスの非暴力の生きざまは、彼が残した様々な言葉においても示されている。例えば、イエスが逮捕される際、剣を抜いて大祭司の手下に切りかかった弟子をいさめてイエスが発した「剣を取る者は皆、剣で滅びる」（マタイ26:52）という言葉は、彼の非暴力の姿勢を如実に物語っている。しかしながら、暴力に対するイエスの姿勢をより的確に示すテキストが他に幾つか存在する。以下、姦淫の女性の物語（ヨハネ8:1-11）、報復するなとの教え（マタイ5:38-42）および愛敵の教え（マタイ5:43-48）の3つのテキストに注目することにより、イエスの非暴力の思想を明らかにしていきたい。

3　姦淫の女性の物語

まず、ヨハネ福音書8章の姦淫の女性の物語を取り上げ、そこに描かれているイエスの振る舞いを通して、暴力に対するイエスの姿勢について考えてみたい。

> 1 イエスはオリーブ山へ行かれた。2 朝早く、再び神殿の境内に入られると、民衆が皆、御自分のところにやって

注3：紀元6年にガリラヤのユダによって結成されたとされる民族主義的な政治団体で、ローマ帝国による支配に対抗し、武力による反乱を何度も試みた（使徒言行録5:37参照）。イエスの12使徒の一人、シモンは熱心党員であったとされる（マルコ3:18）。

> 来たので、座って教え始められた。3 そこへ、律法学者たちやファリサイ派の人々が、姦通の現場で捕らえられた女を連れて来て、真ん中に立たせ、4 イエスに言った。「先生、この女は姦通をしているときに捕まりました。5 こういう女は石で打ち殺せと、モーセは律法の中で命じています。ところで、あなたはどうお考えになりますか。」6 イエスを試して、訴える口実を得るために、こう言ったのである。イエスはかがみ込み、指で地面に何か書き始められた。7 しかし、彼らがしつこく問い続けるので、イエスは身を起こして言われた。「あなたたちの中で罪を犯したことのない者が、まず、この女に石を投げなさい。」8 そしてまた、身をかがめて地面に書き続けられた。9 これを聞いた者は、年長者から始まって、一人また一人と、立ち去ってしまい、イエスひとりと、真ん中にいた女が残った。10 イエスは、身を起こして言われた。「婦人よ、あの人たちはどこにいるのか。だれもあなたを罪に定めなかったのか。」11 女が、「主よ、だれも」と言うと、イエスは言われた。「わたしもあなたを罪に定めない。行きなさい。これからは、もう罪を犯してはならない。」（ヨハネ 8:1-11）

(1) テキストの背景

この姦淫の女性の物語は、キリスト教 2000 年の歴史を通して常に注目され、しばしば物議をかもしてきたいわくつきのテキストである。実はこのテキストは元来のヨハネ福音書には含まれておらず、4 世紀頃にヨハネ福音書の現在の位置に挿入されたようであるが[4]、このテキストの是非をめぐっては、その後もしばしば議論が繰り返されてきた。

それにしてもなぜ、この物語はそこまで問題視されてきたのだろうか。伝統的に姦淫を大罪と見なしてきたカトリック教会にとって、姦淫を犯した女性を無罪放免する内容をもつこのテキストは大きな躓きになったのであろうという理

注 4：事実、この箇所（ヨハネ 7:53-8:11）は有力な古写本には含まれておらず、そのため新共同訳聖書その他の邦訳聖書においては括弧〔　〕で括られている。

由がまず考えられる。事実、このテキストはそのラディカルな内容のゆえにしばしば問題にされてきたのであるが、見方を変えれば、まさにそのようなラディカルさこそがイエスの宣教内容の特質であったとも考えられる。そのような意味でも、たとえ元来のヨハネ福音書に含まれていなかったとしても、この物語の核となる部分が歴史上のイエスの言動にまで遡るという可能性はあながち否定できないであろう[5]。

(2) テキストの内容

まず、神殿の境内でイエスが座って民衆に教え始めるという物語の状況が示される（2節）。そこに律法学者やファリサイ派の人々が姦通の現場で捕らえられた女性を伴って現れ、イエスに対し、モーセは姦通を犯した女性を石で打ち殺すように命じているが（申命記22:22-24）[6]、あなたはどう考えるかと問いかける（3-5節）。イエスを試して、訴える口実を得るために彼らはこのように言ったのであるが（6節a）、彼らの意図は明らかである。もし、イエスがここで姦淫の女性を庇うような発言をするなら、モーセの律法に違反することになる。それとは逆に、もしここでイエスがモーセ律法に従って彼女を石で打ち殺すべきだと断言するなら、日頃から社会的弱者の立場に立って振舞っていたイエスに期待を寄せる民衆たちを失望させ、愛と赦しを説く彼自身の宣教内容とも矛盾することになる。つまり、律法学者たちにとってはどちらに転んでも良かったのである。

しかし、イエスはこの質問に答えずにかがみ込み、地面に何かを書き始める（6節b）。この時イエスは地面に何を書いていたのかという点について様々な推測がなされてきたが[7]、テキストからはその点は明らかにできない。むしろ、イエスのこの不可解な行為は、律法学者たちのナンセンスな問いに対するイエスの拒絶的態度を示す象徴

注5：事実、紀元3世紀初頭にシリアで記されたとされる「教会規則」にこの物語が言及されていることから、この物語の伝承そのものはかなり古い時代にまで遡るものと想定できる。

注6：もっとも、申命記22:22（レビ記20:10）においては、姦通の罪を犯した者は男女ともに死刑に処せられると規定されてはいるが、そこでは「石打の刑」は特定されていない。またこれに続く申命記22:23-24では、婚約中の処女が婚約相手以外の男性と関係をもった場合には男女とも石打の刑に処せられると記されている。その意味では、この物語に出てくる姦淫の女性は婚約中の処女であることが前提とされているのかもしれない。

注7：例えば、「愛」という言葉を書いていたとか、あるいはエレミヤ書17:13の「あなたを離れる者は土に名をしるされます」（口語訳）という箇所を引き合いに出して、罪人の名を記していたというものである。

的行為と解すべきであろう。

　さて、イエスがこのような態度をとった後も、彼らがなおしつこく問い続けるので、イエスは起き上がり、「あなたたちの中で罪を犯したことのない者が、まず、この女に石を投げなさい」と語り、それから再び身をかがめて地面に何かを書き続けていった（7-8節）。すると、イエスの言葉を聞いた人々は、年長者から順番に一人ずつ立ち去って行ったという（9節）。その意味では、そこに居合わせていた人々は全員、自分の罪を自覚していたということになる。その後イエスは起き上がり、その女性に、あなたを責め立てていた人たちはどこにいるのか、誰もあなたを罪に定めなかったのかと問いかける。その問いに「誰も（いません）」と答えるその女性に対し、イエスは最後に「私もあなたを罪に定めない。……もう罪を犯してはならない」（10-11節）と語り、そこでこの物語は結ばれる。

（3）テキストの考察

　この姦淫の女性の物語は聖書の中でも特に有名なテキストであるが、ともすると時代錯誤な物語と見なされがちである。しかしながら、この物語は決して、遠い昔の、私たちとは全く無縁の世界の出来事について語っているのではなく、現代に生きる私たちにも直接訴えかけてくる具体性、臨場性をもっている。

　まず覚えておくべきことは、石を投げつけて人間を打ち殺す「石打の刑」は、今日においてもイスラム原理主義を奉ずる幾つかの国において実施されているという事実である[8]。特にイランでは、現在も年間100件以上の「石打の刑」が、特に姦淫の罪を犯した女性に対して執行されているといわれるが、その処刑の状況は、まさにこのヨハネ福音書の物語の状況と、①石打の刑が公開処刑として行われていること、②刑の執行に関して宗教指導者が主導的な役割を果たしていること、③女性のみが裁かれ

注8：今現在も石打の刑を実施している国家としては、イラン、アフガニスタン、パキスタン、アラブ首長国連邦等が挙げられる。

注9：前出の注6を参照。

注10：マタイ福音書5〜7章に記されている、山上でなされたイエスの一連の説教を指し、「山上の垂訓」ともいわれる。

注11：いずれもユダヤ教律法に基づく一般的命題とそれに対するイエスの反対命題から構成され、イエスの教えがユダヤ教律法を徹底した新しいものであることが示されている。

ている点で一致している。なかでも最後の点は注目に値する。事実、モーセの律法には男女ともに裁かれると規定されているにも拘らず[9]、この姦淫の女性の物語においても、相手の男性についてはまったく触れられていない。相手の男性はどこに行ったのか。彼はさっさと逃げ去ったのだという推測も成り立つが、説得力に欠ける。むしろここには、姦淫の罪を犯した女性にのみ厳罰を科そうとする、男性優位の当時の社会慣習が反映されていると見なすべきであろう。そして、このような差別的な社会慣習は、今日の社会においても至るところで見られるものである。

　最後に、この物語を通して示されているイエスの非暴力の思想について考えてみたい。すでに確認したように、この物語は姦淫の女性の罪を赦すイエスの言葉によって結ばれていた。しかしながら、イエスはただ単にその女性を赦したのではない。イエスはここで、「暴力」をもって彼女を裁こうとしていた人々に対して暴力で立ち向かったのではなく、むしろ彼らに彼ら自身の罪を自覚させ、彼らをして彼女を赦さしめる方向へと導いていくことにより「非暴力」を実現していったのである。事実、イエスの非暴力は決してイエス個人の実践に留まるものではなく、それはむしろすべての人に実践されることを目指すものだったのであり、その意味でイエスはあらゆる人々に対して非暴力の実践を促そうとしたのである。

4　非暴力に関するイエスの教え

　ここで扱う「報復するなとの教え」(マタイ 5:38-42) と「愛敵の教え」(マタイ 5:43-48) の相前後する二つのテキストは、イエスの山上の説教[10]に含まれる6つの対立命題[11]（マタイ 5:21-48）の中の第5、第6対立命題に相当する。これら二つのテキストは、ルカ福音書においては区分されずに単一のテキストを構成しており（ルカ 6:27-36）、両者は元

来結合していたものと考えられる。おそらくマタイは、一連の対立命題を構成する際に、この箇所を二つに区分して編集的に構成したのであろう。そのような意味でも、この二つのテキストの形式的枠組みはマタイによるところが大きいが、それでもテキストの内容の核となる部分は、そのラディカルな内容のゆえに（史的）イエスに由来すると考えられる。

4.1　報復するなとの教え

> 38「あなたがたも聞いているとおり、『目には目を、歯には歯を』と命じられている。39 しかし、わたしは言っておく。悪人に手向かってはならない。だれかがあなたの右の頬を打つなら、左の頬をも向けなさい。40 あなたを訴えて下着を取ろうとする者には、上着をも取らせなさい。41 だれかが、一ミリオン行くように強いるなら、一緒に二ミリオン行きなさい。42 求める者には与えなさい。あなたから借りようとする者に、背を向けてはならない。」（マタイ5:38-42）

(1) テキストの構成、内容

このテキストは、「序文」にあたる一般的命題と反対命題（38-39節 a）、3つの具体的要求（39節 b-41節）、「結び」としての要求の一般化（42節）の3つの部分から構成されている。

冒頭38節の「目には目を、歯には歯を」という有名な文句で表現される同害報復法は旧約聖書の出エジプト記21:24（申命記19:21; レビ記24:20 参照）にも記されている。これは古代オリエント世界における法の根本原則[12]であり、過剰な復讐心を抑制することに本来の目的があった。これに対してイエスの反対命題（39節 a）は、「悪人に手向かってはならない」と暴力による報復そのものの断念（非

注12：この法文は、ハンムラビ法典（B.C.1700頃）をはじめ、古代ギリシャ、ローマの法、さらにはユダヤ教のラビの法にも見出される。

暴力)を要求している。確かに、暴力による報復を戒める勧告そのものは当時にあっても珍しいものではなく、古代の種々の文献に見出されるが、ほとんどの場合は報復そのものを禁じているわけではない。そのような意味でも、報復の完全な放棄を求めるイエスのこの要求は独特である。

　このイエスの反対命題に、それを具体的に示す3つの要求が続いている。第一の要求 (39節b) は、誰かに右頬を打たれても、それに反撃するのでなく、打たれていない反対側の頬を相手に差し出すように要求している。ここでは明らかに平手打ちのことが考えられているが、当時のユダヤ世界においても平手打ちは何よりも相手を侮辱する行為と見なされていた。次の、下着を取る者には上着も与えなさいという要求 (40節) においては、法廷での差し押さえの状況が問題になっている[13]。貧しい者は自分の下着さえも差し押さえられる可能性があったが、ここではそれよりもずっと価値のある上着をも差し出すように要求されている。もっともこの要求は、自分の外套を抵当に差し出さねばならないような貧しい者に対しては、(それは彼らにとっては必要な夜具となるので) その外套を夕ごとに返すように命じる旧約法 (出エジプト記 22:25-26、申命記 24:12-13) と緊張関係にあり、その意味では、旧約法で保障されている最低限の権利をも放棄することを求めていることになる。第三の要求 (41節) は、ローマ占領地における強制的な徴用 (運送、随行等) を話題にしている。ここでは軍隊もしくは官憲に1ミリオン (約1500m) 同行するように強いられたなら、その倍の2ミリオン同行するように求められており、第一、第二の要求と同様、ここでも常軌を逸したラディカルな要求が突きつけられている。

　この箇所全体を締めくくる最後の42節には、求める者には与え、借りようとする者を拒絶するなという要求が記され、39節b～41節の3つの要求の内容が総括的に述べられている。

注13：これに対して、下着と上着の順序が逆転しているルカのテキスト (6:29b) においては、強盗に襲われた時の状況が想定されている。

(2) テキストの考察

　ここでは明らかに、暴力による報復の放棄（非暴力）が要求されている。しかしながら、このテキストに記されている極めてラディカルな要求の本来の目的が、ただ単に報復の放棄を要求することにあったとは考え難い。もしそうであるなら、攻撃されても決して抵抗するなと要求するだけで十分であったと考えられるからである。しかしそうだとすると、この異常なまでに極端なイエスの要求の本来の意図・目的はどこにあったのか。今一度、第一の要求（39節 a）に注目しつつ、この点について考えてみたい。

　この、誰かに頬を打たれたら、もう一方の頬も向けなさいという要求の本来の意図はどこにあったのか。さしあたって二つの可能性が考えられる。一つの可能性は、イエスはこの要求を通して、非暴力による抵抗（挑発的・示威行為）を要求したのであり、毅然とした態度を示すことにより相手に心理的優位を示し、内面的に相手に打ち勝つことにより相手の戦意（敵意）を喪失させることを意図していたというものである。もう一つの可能性は、それとはまったく逆に、この要求は相手の暴力を忍耐して甘受すること（無条件の従順さ）を求めており、自分に暴力を振るおうとする相手にどこまでも従順に対応することによって相手の攻撃を少しでも和らげようとしているというものである。

　しかしながら、ここで注意しておくべきことは、この要求の本来の意図が抵抗であろうと、忍従であろうと、ここで求められている振る舞いは、現実には確実な効果を見込めそうにないという点である。すなわち、もう一方の頬を向けることによって相手が暴力を思いとどまるという保証はどこにもなく、その意味では暴力に晒されている当事者の運命についてはここでは初めから顧慮されていないのである。事実、この要求は暴力による報復を禁じてはいるが、相手の暴力を直接抑止しようとしておらず、それどころかむしろそれを助長させる危険性をもっている。そしてこの

要求にそれでも何らかの意図があるとすれば、それはただ、挑発的態度によって相手の意表をつくというその一点にあったのであろう。そのような意味では、イエスの要求は単なる非暴力の要求ではなく、むしろ暴力に余地を与えることによってその罪悪性を顕にすることに本来の意図があったのかもしれない。

　しかしながら、ここで改めて考えておくべきことは、このような非現実的で理不尽な振る舞いをイエスはどこまで本気で求めていたのかという点である。むしろイエスは、極端にまで誇張されたこの要求を突きつけることにより、単なる抵抗や忍従を越えて、非暴力の要求そのものの徹底化を意図していたのではないだろうか。つまり、敢えて非現実的な要求を突きつけることにより、非暴力の要求を徹底し、暴力の連鎖を断ち切ることにこの要求の本来の意図があったのではないか。まさに報復に対する報復が無限に重ねられていく現代の世界状況を思い浮かべるとき、このような理解はますます説得力をもってくるように思われる。

　注目すべきことに、このテキストに触れられていた3つの非暴力の要求の内容は、イエスの生きざまを通しても示されている。事実、福音書に記されているイエスは、逮捕された後、人々から殴られ、<u>平手打ちにされ</u>（マタイ26:67）、兵士たちに<u>衣服を奪われ</u>（マタイ27:31,35）、処刑場への<u>道行きを強要されて</u>も抵抗することなく、十字架への道を従順に歩んでいった。そのような意味では、まさにイエスに倣って歩んでいくことがこのテキストを通して求められているのであり、これらの要求はイエスの十字架への道への招きとも言えるであろう。

4.2　愛敵の教え

> 43「あなたがたも聞いているとおり、『隣人を愛し、敵

> を憎め』と命じられている。44 しかし、わたしは言っておく。敵を愛し、自分を迫害する者のために祈りなさい。45 あなたがたの天の父の子となるためである。父は悪人にも善人にも太陽を昇らせ、正しい者にも正しくない者にも雨を降らせてくださるからである。46 自分を愛してくれる人を愛したところで、あなたがたにどんな報いがあろうか。徴税人でも、同じことをしているではないか。47 自分の兄弟にだけ挨拶したところで、どんな優れたことをしたことになろうか。異邦人でさえ、同じことをしているではないか。48 だから、あなたがたの天の父が完全であられるように、あなたがたも完全な者となりなさい。」(マタイ 5:43-48)

(1) テキストの構成、内容

この愛敵のテキストは、「序文」としての一般的命題と反対命題(43-44節)、愛敵の要求の根拠と例証(45-47節)、「結び」にあたる要求の敷衍(48節)の3つの部分から構成されている。

一般的命題の「隣人を愛し」という部分はレビ記19章18にも記されているが、レビ記における「隣人」は明らかに同胞民族を指しており、限定的な意味で用いられている。その一方で、後半の「敵を憎め」という戒めは旧約聖書には記されていない。もっとも、同胞のイスラエルの民を愛しなさいという限定的な愛の要求の徹底化が、それ以外の人々を愛する必要のない存在、あるいは憎むべき存在として曲解していく方向へ導いていったということは十分想像できるところであり、当時のユダヤ世界においてはこのような言い回しが定着していたのかもしれない[14]。これに対してイエスが示した反対命題は「敵を愛し、自分を迫害する者のために祈れ」というものであった(44節)。すなわちイエスは、旧約律法においてはイスラエル民族に限定されていた愛の対象を敵にまで拡大し、実質的にあらゆる人を愛の対象にすることを要求し、また彼らのため

注14：例えば、敵(闇の子)を憎むように要求するクムラン文書の「宗規要覧」1:10 を参照。

注15：その意味で、この愛敵の教えは隣人愛の戒め（マタイ 22:39 並行）を越えている。迫害者のための執り成しの祈りについてはロマ書 12:14 でも要求されており、またイエスの十字架上での祈り（ルカ 22:34）やステファノの最後の祈り（使徒言行録 7:60）はまさに迫害者のための祈りである。

注16：出エジプト記 23:4-5; 箴言 25:21; エピクテートス『語録』3:22:54 等を参照。

に執り成しの祈りを捧げるように要求している[15]。敵に対しても善を施すようにとの勧告は当時のユダヤ教文書やヘレニズム世界の文献にも見出されるが[16]、いずれの場合も倫理的原則と見なされるには至っておらず、その意味でも、敵を愛することをはっきりと要求したこの教えはイエスに特徴的なものといえる。

これに続いて、このように敵を愛さなければならない根拠として、天の父（＝神）の子となるためであると述べられる（45 節）。すなわち、神の子となるためには、すべての人に等しく恵みを与える神のように、すべての人を愛さねばならないというのである。さらに愛敵の行為の意味について、二重の例を用いて説明される（46-47 節）。自分を愛してくれる人を愛しても報いは得られない。徴税人でもそれくらいのことはしているからである。同様に自分の兄弟にのみ挨拶しても報いはない。異邦人でもその程度のことはしているからである。ここでは、当時の社会通念にもなっていた、恩義を受けた人に対して同等のお返しをすべきであるという「互恵の原則」に基づく行動様式への批判が展開されている。つまり自分を愛してくれる人を愛したところで、それは愛の行為にはならない。自分を愛さない人（もしくは憎む）を愛して初めて、それは本当の意味での愛の行為となり、報いが与えられるというのである。

最後の 48 節は、天の父が完全であるように完全になりなさいと、改めて神に倣うことを要求することによってこのテキスト全体を締め括っている。ここでいう「完全になる」とは、45 節で示されていたように、具体的には愛の行為を実践することを意味している。

(2) テキストの考察

このテキストに記されているイエスの愛敵の教えは、自分の仲間や同胞だけでなく、自分を迫害する敵（自分に暴力を加える者）までも愛するように要求しており、その意味

で愛の教えを徹底するものである。しかしながら、ここで問題になるのは、そのような愛を実践することが果たして現実に可能であるのかという問いである。

事実、愛敵の教えは伝統的に実践不可能な教えと見なされ、そのためそのラディカルな内容はしばしば緩和され、また個人的な範囲に限定して解釈されてきた。このような現実的な理解に対し、この愛敵の要求を文字通りに受け取り、非暴力の実践の原理としたのはインドの独立運動の指導者 M. ガンジー（1869-1948）である。彼は山上の説教におけるイエスのメッセージをそのまま受けとめようとしない西欧のキリスト教（教会）の解釈を批判し、彼独自の視点からこの愛敵の教えが国家の悪に対する非暴力的抵抗の教えであると理解したのである[17]。

そしてこのガンジーの愛敵理解から大きな影響を受けたのが、アメリカの黒人解放運動の指導者 M.L. キング（1929-1968）である。ガンジーの思想に触れることによってキングは、イエスの愛敵の教えが単に個人間の対立にのみ関わるものではなく、人種・民族間の対立においても有効であると考えるに至った。キングもまたガンジーと同様、イエスの愛敵の教えを実行可能で、かつ実行すべき教えとして捉えたが、なぜ私たちは自分たちの敵を愛すべきなのかという問いへの答として彼は、①憎しみに対して憎しみで報いるのは憎しみを増すことにしかならないという点、②憎しみは、その対象のみならず、憎んでいるその人自身の人格をも歪めるという点、③敵を友に変えることができるのは愛のみであるという点、そして何よりイエスの言葉にあるように、④天の父の子となるためであるという4つの点を挙げている。

キングによれば、敵を愛するということは非暴力抵抗運動によってのみ実現できる行為であり、彼にとって愛敵の行為とは非暴力の実践による社会正義の実現に他ならなかった。事実、まさにこのキングの思想において、敵を愛

注17：ロシアの文豪トルストイ（1828-1910）も、イエスの愛敵の教えを個人倫理に限定せず、国家権力の悪と闘う唯一の手段として非暴力の姿勢を訴える教えと理解したが、ガンジーはこのトルストイの思想から大きな影響を受けたという。

第4章　イエスの非暴力

するという行為と非暴力の実践との結びつきが再認識されたのである。先にも述べたように、この愛敵のテキスト（マタイ 5:43-48）と直前の報復を禁じるテキスト（マタイ 5:38-42）は、元来は一つのテキストを形作っていたと考えられるが、このことはまさにキングの主張を裏付けている。事実、具体的な非暴力を要求する「報復するなとの教え」は、究極的には「愛敵の教え」へと昇華されていくべきものとして捉えられており、イエスにとっても非暴力の実践は愛の行為の一側面に他ならなかったのである。

5　まとめ

ここで取り上げた福音書の 3 つのテキストは、いずれの場合も暴力に対するイエスの批判的な姿勢で貫かれていたが、そこには何より、暴力に屈せず、また暴力に頼らない生き方が示されていた。事実、暴力の連鎖を断ち切ることができるのは、結局のところ、敵をも愛そうとする態度のみであり、まさに自分の敵をも愛そうとすることによってのみ「非暴力」は実現される。イエスはこのことを現代に生きる私たちに対しても訴えているのである。

【参考文献】

荒井献（1994）『問いかけるイエス ── 福音書をどう読み解くか』、日本放送出版協会。
U. ルツ（1990）『マタイによる福音書（1-7 章）』（EKK 新約聖書註解 I /1）、小河陽訳、教文館。
M.L. キング（1965）『汝の敵を愛せよ』蓮見博昭訳、新教出版社。
大宮有博（2003）「マーティン・ルーサー・キング Jr. の愛敵論」『関西学院大学キリスト教と文化研究』第 5 号、13-30 頁。

第5章　復讐するのは神
——新約聖書と暴力

辻　学

1　9.11事件に対するキリスト教諸団体の声明
——その理由づけ

　2001年9月11日にアメリカ合衆国で起きたいわゆる「同時多発テロ事件」をめぐっては、キリスト教諸団体からも様々な声明が出された[1]。筆者が目を通したもののほとんどは、事件の犠牲者に対する哀悼の意を表すとともに、合衆国が暴力による報復措置に出ないこと、また日本をはじめとする他国がその行為に参加しないことを求める趣旨のものであった（後掲資料参照）。

　その趣旨に異論はないが、ここで注目したいのは、報復戦争に反対する理由づけを諸団体がどのように行なっているかということである。キリスト教の団体は暴力の応酬に、どのようなキリスト教的根拠をもって反対をしたのだろうか。

　もちろん、暴力による報復や戦争行為に反対するのに、宗教的理由がないといけないわけではない。キリスト教徒であろうとなかろうと暴力や殺人、戦争行為には反対するし、その点で私たちは、宗教の違いや信仰の有無を超えて連帯できるはずである。しかしながら、キリスト教徒が一つの団体として声明を出す以上は、なぜキリスト教の団体として反対をするのかということを明らかにする必要があろう。これは説得性の問題でもある。なぜキリスト教は暴力を否定するのかという点をわかってもらわないといけないのである。

注1：声明の多くをホームページで参照することができる。様々な声明を集めたものとしては、例えば日本基督教団南大阪教会のページ http://www.geocities.co.jp/HeartLand-Namiki/4394/mochurch/seimind.html を参照。

注2:例として後掲資料の1。その他、「ブッシュ大統領宛の日本カトリック正義と平和協議会会長による要請文」(2001.9.14 付)などもそう。

そのような観点から諸団体の声明を見直してみると、宗教的根拠を挙げていない声明が意外に目立つ[2]。また、キリスト教の信仰は平和主義・非暴力であると単純に前提していて、その理由には触れていないものもある（後掲資料の2）。このように、キリスト教信仰のゆえに集っている共同体がなぜ反暴力を訴えるのかという説明が、共同体の成員に向けても、また共同体の外部に向けてもなされていないと、宗教団体は個人の信仰や心の平安を考えていれば良いので、社会的な事柄に関する発言や運動をすべきではないという声に反論することが難しくなるであろう。

2 反暴力の根拠としての新約聖書

他方、キリスト教的根拠を挙げている声明も当然ながら存在する（後掲資料の3）。その根拠として挙げられているものには、新約聖書の言葉が多い。とりわけイエスの言葉がしばしば引用されており、なかでも「山上の説教」（マタイ5-7章）からの引用が目立っている。

・「剣を取る者は皆、剣で滅びる。」（マタイ 26:52）
・「平和を実現する人々は幸いである。その人たちは神の子と呼ばれる。」（マタイ 5:9）
・愛敵の教え（マタイ 5:33-34）
・「悪人に手向かってはならない……。」（マタイ 5:39-42）
・地の塩、世の光（マタイ 5:14-16）

キリスト教的根拠といえばやはり聖書、とりわけ新約聖書が引き合いに出されるのはある意味で当然だし、そこでイエスの言葉が引用されるのも何ら不自然ではない。ただし、イエスの非暴力思想については本書の中で別に論じられているので、ここでは立ち入るのを控えたい。

福音書以外の文書から引用された「聖書的根拠」とし

ては、次のものが見られる。

> ・「愛する人たち、自分で復讐せず、神の怒りに任せなさい。」（ローマ 12:19）[3]
> ・「神は、御心のままに、満ちあふれるものを余すところなく御子の内に宿らせ、その十字架の血によって、地にあるものであれ、天にあるものであれ、万物をただ御子によって、ご自分と和解させられました。」（コロサイ 1:19-20）[4]

　コロサイ書からの引用は、「和解」こそが神の意思であるという主張の根拠になっているが、ここで問題になっているのは人間同士の和解ではなく、後続する 21-22 節が示しているように、人間を含む万物（「地にあるものであれ、天にあるものであれ」）と神との和解である——「しかし今や、神は御子の肉の体において、その死によってあなたがたと和解し……」（22 節）。したがってこの個所から、人間同士の復讐行為への反対や非暴力の主張を直接導き出すのは難しい。

　本稿で注目したいのは最初の、ローマ書 12 章 19 節からの引用である。復讐は自分でするものではなく、神の怒りに委ねるべきものだというこの言葉は、暴力の応酬が続いている現状を考えれば、大いに示唆に富む。以下では、この言葉の指し示す、神による復讐という考え方を少し掘り下げて考えることにしたい。

3　神による復讐

> 9 愛には偽りがあってはなりません。悪を憎み、善から離れず、10 兄弟愛をもって互いに愛し、尊敬をもって互いに相手を優れた者と思いなさい。11 怠らず励み、霊に燃えて、主に仕えなさい。12 希望をもって喜び、苦難を耐え忍び、たゆまず祈りなさい。13 聖なる者たちの貧しさ

注3：後掲資料 3 の他、日本基督教団沖縄教区総会議長名のブッシュ大統領宛「米国への『テロ』事件及び軍事報復問題に対する日本基督教団沖縄教区声明」（2001.9.19 付）、日本基督教団社会委員長による「『同時多発テロ事件』に関する見解」（2001.9.19 付）、カトリック東京大司教ペトロ岡田武夫による「アメリカでの同時多発テロに際して東京教区の皆さんへ」（2001.9.20 付）などに見られる。

注4："On waging reconciliation": Statement from Bishops of the Episcopal Church, released by the Office of the President Bishop（2001.9.26 付）に見られる。

> を自分のものとして彼らを助け、旅人をもてなすよう努めなさい。
> 　14 あなたがたを迫害する者のために祝福を祈りなさい。祝福を祈るのであって、呪ってはなりません。15 喜ぶ人と共に喜び、泣く人と共に泣きなさい。16 互いに思いを一つにし、高ぶらず、身分の低い人々と交わりなさい。自分を賢い者とうぬぼれてはなりません。17 だれに対しても悪に悪を返さず、すべての人の前で善を行うように心がけなさい。18 できれば、せめてあなたがたは、すべての人と平和に暮らしなさい。19 <u>愛する人たち、自分で復讐せず、神の怒りに任せなさい。「『復讐はわたしのすること、わたしが報復する』と主は言われる」</u>と書いてあります。20「あなたの敵が飢えていたら食べさせ、渇いていたら飲ませよ。そうすれば、燃える炭火を彼の頭に積むことになる。」21 悪に負けることなく、善をもって悪に勝ちなさい。（ローマ 12:9-21。下線辻）

(1) 復讐の断念と愛の実践

　神がイスラエル民族全体、あるいはその中の一部を苦しめる者に対して復讐あるいは報復をするという考え方は旧約聖書に頻出する。

> 　　国々よ、主の民に喜びの声をあげよ。主はその僕らの血に報復し、苦しめる者に報復して、その民の土地を贖われる。（申命記 32:43。同 35、41 節も参照。）

> 　　あなたはご存知のはずです。主よ、わたしを思い起こし、わたしを顧み、わたしを迫害する者に復讐してください。いつまでも怒りを抑えて、わたしが取り去られるようなことがないようにしてください。（エレミヤ書 15:15。20:12、50:15、51:6 なども参照。）

また、復讐を禁じる戒めもある（レビ記 19:18「復讐してはならない。民の人々に恨みを抱いてはならない」）。それに対して、上掲のローマ 12:19 が持つ大きな特徴は、神に復讐を委ねることで、自分自身の手による復讐は断念するようはっきりと勧めている点にある。

　ローマ 12:19 が置かれた文脈を見ると、全体は「愛と善」というテーマでまとめられていることがわかる。キリスト教徒は、誰に対しても愛をもって接し、たとえ自分に対して悪を働く者に対してであれ、自らは善を行うよう努めるべきだとパウロは言う。

　9-21 節全体は、大きく二つに分けられる。前半（9-13 節）は教会内での振舞いに関する勧めであるのに対して、後半（14-21 節）では、教会外の人たちに対する振舞いが論じられている。しかしながら、前半部から後半部への移行は突然に行われていることから、教会の内外で振舞い方に差はないとパウロが考えていることがわかる。

(2) 背景：イエスの言葉

　上掲のテキストは、イエスの言葉を背景にしていると考えられる。14 節でいささか唐突に現れる「あなたがたを迫害する者」という表現は、「敵を愛し、自分を迫害する者のために祈りなさい」というマタイ 5:44 の「愛敵の教え」を想起させるし、同じ節の「祝福を祈りなさい」（eulogeite）という命令は、ルカ 6:28「悪口を言う者に祝福を祈り（なさい）」と一致する。

　こういったイエスの言葉をパウロが意識しているのかどうかは明らかでない。同様の戒めは I ペトロ 3:8-9 ならびに使徒教父文書[5]にも見られるが、そこでも、イエスの言葉にこの戒めが由来することは示されていないからである（使徒教父文書の引用は前掲書による）。

　　8 終わりに、皆心を一つに、同情し合い、兄弟を愛し、

注5：使徒の直弟子による著作で、使徒の権威を忠実に再現していると伝統的に考えられ、正典に次ぐ地位を認められてきた文書。1 世紀後半から 2 世紀末にかけて著された。邦訳：荒井献編『使徒教父文書』講談社文芸文庫、1998 年。

憐れみ深く、謙虚になりなさい。9 悪をもって悪に、侮辱をもって侮辱に報いてはなりません。かえって祝福を祈りなさい。祝福を受け継ぐためにあなたがたは召されたのです。（Ⅰペトロ 3:8-9）

あなたがたを呪う人たちを祝福し、あなたがたの敵のために祈り、あなたがたを迫害する人たちのために断食しなさい。あなたがたを愛する人たちを愛しても、どんな恵みが（あなたがたに与えられよう）か。それと同じことは異邦人もするではないか。あなたがたは、あなたがたを憎む人たちを愛しなさい。そうすれば敵を持たなくなろう。(12 使徒の教訓［ディダケー］1:3)

あなた達はすべての聖者達のために祈りなさい。また、王達、支配権力者、諸侯のために祈りなさい。けれどもまた、あなた達を迫害し憎む者のために、十字架の敵のためにも祈りなさい。それは、あなた達のもたらす実がすべての人に明らかに示されるためであり、あなた達が彼（キリスト）にあって完全になるためなのです。（ポリュカルポスの手紙 12:3）

おそらくは、キリスト教のかなり早い時期から、イエスの言葉は教会内の教えの伝承として広められたのであり、その際に、これがイエスの言葉に遡るということは暗黙の了解となっていたのであろう。パウロも、イエスの言葉伝承は知っていたから（「妻は夫と別れてはいけない。こう命じるのは、わたしではなく、主です」Ⅰコリント 8:10。マルコ 10:1-12 並行参照）、パウロがここでイエスの愛敵の教えを念頭においていた可能性は十分に考えられる。いずれにしても、これはイエスの愛敵の教えを具体的に実践する術として機能したに違いない。

(3) 神の復讐と隣人愛

　自分で復讐せず、神の怒りに任せよという戒めをパウロは、申命記32章35節の言葉によって根拠づけている（19節）――「わたしが報復し、報いをする、彼らの足がよろめく時まで。彼らの災いの日は近い。彼らの終わりは速やかに来る」。

　同じ箇所は、ヘブライ10:30でも引用されているが、ヘブライ書では、復讐の禁止という意味合いではなく、罪を犯す者を神が必ず裁くことの証明として用いられている――「まして、神の子を足げにし、自分が聖なる者とされた契約の血を汚れたものと見なし、その上、恵みの霊を侮辱する者は、どれほど重い刑罰に値すると思いますか。『復讐はわたしのすること、わたしが報復する』と言い、また、『主はその民を裁かれる』と言われた方を、わたしたちは知っています。生ける神の手に落ちるのは、恐ろしいことです」（ヘブライ10:29-31）。この旧約の言葉を復讐の禁止という意味合いで理解することは、初期キリスト教の中では必ずしも一般的でなかったようである。

　復讐を断念すべきことの直接の根拠としてはむしろ、隣人愛の戒めが大きな役割を果たしていたと見られる。そもそも、復讐を禁じるレビ記19:18（上掲）は隣人愛の戒めとセットになっている――「復讐してはならない。民の人々に恨みを抱いてはならない。自分自身を愛するように隣人を愛しなさい。私は主である」。

　隣人は愛するべき対象であるから復讐をしてはならないという考え方は、旧約以降のユダヤ教にも継承されている。ダマスコ文書[6] 9:2-5ははっきりと、「隣人」同士での復讐を禁じている。

　　「あなたはあだを返してはならない。あなたの民の人びとに恨みを抱いてはならない」と言い給うたが〔レビ記19:18〕、<u>契約に入った人びとのうちで</u>、証人たちの面前で

注6：1896年にカイロで発見。クムランからも古い写本が発見されたので、クムラン文書の一つとして扱われている。「広くパレスティナ各地に住んでいたエッセネ派の綱領的文書」（土岐健治）と見られている。

忠告しないでその隣人を訴え、怒りに燃えるときに訴え、あるいは彼を軽蔑するために長老たちに告げる者はいずれも、あだを返し恨みを抱いているのである。ただこのようにのみ記されている、「彼は自分のあだに復讐し、自分の敵に恨みを抱き給う」。〔ナホム書 1:2 参照〕（日本聖書学研究所編『死海文書』による。下線辻）

　このダマスコ文書の命令は、同じ宗団内の仲間に対する関係を述べている。隣人愛の戒めにはっきりと言及しているわけではないが、レビ記 19:18 の引用から隣人愛の戒めへの暗示を読み取ることは十分可能であろう。隣人への復讐は断念すべきであり、なすべき復讐は神に委ねるべきだというのである。ここではナホム書 1:2 が典拠として引用されている。

　『十二族長の遺訓』[7]にも、隣人愛を根拠として復讐を禁じ、悪に対して善で応じるようにとの戒めが見出される（いずれも下線は辻）。

　　1 さあ、子供たちよ、お前たちにすすめる。隣人同士愛しあい、心から憎しみを退けよ。行為とことばと心の思いで互いに愛しあえ……。3 互いに心から愛しあえ。もしだれかがお前に罪を犯したら、その者とおだやかに話し、心に悪だくみをいだいてはならない。もし悔い改めて（それを）言い表したならば許せ。4 しかしたとえ（悔悛を）拒否しても怒ってはならない。彼が誓う時に、お前が二重に罪を犯すことのないためである〔?意味不明〕……。7 しかしもし恥知らずで悪事を続けたとしても、心から許し、復讐は神にまかせよ。（ガドの遺訓 6:1-7。『聖書外典偽典』5〔教文館〕による）

　　2 もしだれかがお前たちに害をなそうとするなら、お前たちはかえって親切にその者のために祈りなさい。そうす

注7：ヤコブの 12 人の息子が死に際して子供たちに遺訓を与えるという設定の文書。古い遺訓伝承を基としてまとめられたユダヤ教文書（前 1〜後 1 世紀）にキリスト教徒が手を加えたと見られている。

れば神によってすべての危害を免れる。(「ヨセフの遺訓」18:2。同上)

　2 善き人は暗い目を持たず、たとえ罪人であろうとすべての人を愛する。3 たとえその人に悪事をはかっても、その人は神に守られつつ、悪に対して善を行なって勝つ。(「ベニヤミンの遺訓」4:2-3。同上)

　興味深いことに、「ガドの遺訓」ではまだ、レビ記 19:18 と同じく、同国人に対する振舞いが考えられているように見えるのに対して、「ヨセフの遺訓」では対象が一般化され、ユダヤ教徒以外の人間も視野に置いていることがうかがわれる。「ベニヤミンの遺訓」に至っては、「すべての人」という普遍化がはっきりと見て取れる。悪に対して悪で報いるのでなく、善を行い、復讐は神に任せるようにという表現も、ローマ書と非常に近い。ここに見られる精神をローマ 12:9-21 が継承していることは疑う余地がない。

　隣人愛の戒めを背景にして語られているという点でもローマ 12:9-21 は上述のユダヤ教文書と一致する。10 節で「兄弟愛」に言及していることも、隣人愛の戒めとのつながりをすでに示唆しているが、より大きな前後関係でこの段落を見るとそのことがさらにはっきりする。13 章に入ると、まず 1-7 節では支配者への従順が説かれているが、それに続く 8-10 節では隣人愛が律法の要約として提示されている。重要なのはその理由で、パウロによれば、隣人愛の掟こそが律法の要約なのだが、それは「愛は隣人に悪を行わない」(10 節)からだという。つまり、12:9-21 は 13:1-7 と共に、隣人愛の実践例を述べているのであり、自分たちに害悪を加える可能性のある者に対して悪で報いるのでなく、愛＝善で応じることこそ隣人愛の実践なのである。なぜなら「愛は隣人に悪を行わない」(13:10) からである。

以上の観察をまとめておこう。悪を行う者に対して自ら復讐するのでなく、復讐は神に委ねて、自らは善をもって悪に対するべきだというローマ 12:9-21 の考え方はユダヤ教の中に見られる精神を継承している。その際注目されるべきは、①聖書的根拠として隣人愛の戒め（レビ記 19:18）が考えられていること、そして②同じ信仰者集団ないし同国人の内部における人間関係だけを考えているテキストもあれば、より広範囲にわたる人間関係を考えているテキストもあることの二つである。ローマ 12:19 はこの後者の流れに属すると言えよう（ベニヤミン遺訓 4:3 とローマ 12:21 は表現上も非常に近い）[8]。

注8：隣人愛の対象が同国人を超えるという考えはすでにレビ記自身に見られる——「あなたたちのもとに寄留する者をあなたたちのうちの土地に生まれた者同様に扱い、自分自身のように愛しなさい。なぜなら、あなたたちもエジプトの国においては寄留者だったからである」（19:34）。同じような隣人愛の「普遍化」は、イエスの「良きサマリヤ人の譬」（ルカ 10:25 − 37）にも見出せる。

4　神による復讐への期待
　　——構造的悪への怨嗟と終末論

> 主よ、報復の神として、報復の神として顕現し、全地の裁き手として立ち上がり、誇る者を罰してください。主よ、逆らう者はいつまで、逆らう者はいつまで、勝ち誇るのでしょうか。彼らは驕った言葉を吐き続け、悪を行う者は皆、傲慢に語ります。主よ、彼らはあなたの民を砕き、あなたの嗣業を苦しめています。やもめや寄留の民を殺し、みなしごを虐殺します。そして、彼らは言います、「主は見ていない。ヤコブの神は気づくことがない」と。（詩編 94:1-7）

　復讐は神に委ねるべきだという考え方は、神がこの世の秩序を支配しているのであり、秩序の乱れを正してくれるという確信に基づいている。だからこそ人間は、悪を行う者に対抗してさらなる悪を生み出すのでなく、善で応じるべきだというわけである。

　しかしながら、神に復讐を「委ねる」ことは、自分がやろうと思えばできる復讐の断念という、一種の上品な倫理に留まるわけではない。とても自分の力では立ち向かう

ことのできない、たとえば社会の構造的な悪に対する怨嗟の表現ともなり得るのである（エレミヤ書 11:19-20、詩編 79:9-10 なども参照）。聖書の終末論は、まさにそのような怨嗟と正義の要求の「場」として理解することが出来よう。悪の力に対して悪で報いるのでなく、今は善に立ち続けるべきだという考えは、終末すなわち神自らが悪に報い、正義を擁護する時への期待と確信と一体化してこそ説得力を持つ。

そのような終末論的「神の復讐」は新約聖書にも見られる。これが、新約聖書の中でも預言者的精神が強く現れている文書であるヤコブの手紙と、新約唯一の黙示文書であるヨハネ黙示録に登場することは、預言者や黙示思想の持つ社会批判という特徴を考えれば偶然ではない。

(1) 預言者的表現の例：ヤコブの手紙

ヤコブの手紙（以下「ヤコブ書」）は、イエスの弟であるヤコブ（ガラテヤ 1:19 ほか）が著者である体裁をとった偽名文書である。実際には、紀元 70 〜 80 年頃にシリアで成立したと推定される。

ヤコブ書の著者は、富者に対して極めて厳しい断罪の言葉を投げつけている。

> 1 さあ、富める者たちよ、迫り来る君たちの悲惨さを思って泣け、わめけ。2 君たちの富は腐っており、君たちの衣服は虫食いとなっており、3 君たちの金と銀とは錆びており、その毒が、君たちに対する証人となって、火のように君たちの肉を食らうであろう。君たちは、終りの日々にありながら蓄財したのだ。4 見よ、君たちから支払われずに置かれている、君たちの畑を刈り入れた労働者たちの賃金が叫んでいる。そして、収穫した人々の叫びが、万軍の主の耳に入っている。5 君たちは、地上で贅沢に遊び暮らし、好き放題をして、「屠殺の日」に君たちの心を肥えさせた

> のだ。6 君たちは義人を有罪とし、殺害した。彼〔＝万軍の主〕は、君たちに立ち向かわないだろうか。（ヤコブ 5:1-6、私訳）

　ヤコブ書の著者はここで、旧約の預言者に見られる「災いの言葉」の様式を援用している。「災いの言葉」とは、来たるべき災いの根拠を述べる告発的内容の文書と、その災いを描く告知文とが一体となったものである（佐藤研）。

「災いの言葉」の例

> 　アシュドドの城郭に向かって、エジプトの地にある城郭に向かって告げよ。サマリアの山に集まり、そこに起こっている狂乱と圧政を見よ。彼らは正しくふるまうことを知らないと、主は言われる。彼らは不法と乱暴を城郭に積み重ねている。それゆえ、主なる神はこう言われる。敵がこの地を囲み、お前の砦を倒し、城郭を略奪する。（アモス書 3:9-11）

> 　わざわいなるかな、きみたち富める者。きみたちは自分の富を頼みとした。しかし、きみたちはその富を失うであろう。富んでいたとき、至高者のことを心にとめなかったからだ。きみたちは瀆神と暴虐を行ない、地が流される日、暗闇の日、大いなるさばきの日にこそふさわしい者になった。（エチオピア語エノク書 94:8-9）

　貧しい者を虐げ、私腹を肥やす富者を告発する姿勢をヤコブ書の著者は明らかに、旧約の預言者から受け継いでいる。告発の内容は、旧約・ユダヤ教において取り上げられているものと一致しており、言うなれば著者は、富者の「典型的悪行」をここで並べているわけである。終末の接近を省みることなく蓄財に励む富者の愚かさ（2節）は、エチオピア語エノク 94:8（上掲）にも描かれてい

るし、賃金未払いという典型的搾取（4節）は、旧約において厳しく禁止されている行為である（レビ記 19:13、申命記 24:14-15、エレミヤ書 22:13、マラキ書 3:5 ほか）。

　義人への有罪宣告および殺害（6節）が具体的に何を指しているのかは明瞭でないが、罪なき者を有罪とすることは、偽証の禁止（十戒!）に反するし（また特にレビ記 19:16「民の間で中傷をしたり、生命に関わる偽証をしてはならない」）、殺害も同様である。賄賂によって裁判を捻じ曲げ、貧しい者の訴えを退けさせることも、預言者がすでに告発している（イザヤ書 1:23、5:23、エゼキエル書 22:12、アモス書 5:12、ミカ書 3:11 など）。

　富者によって搾取され、裁判に訴えても受け入れられず、生活を脅かされ命まで奪われてしまう危機にさらされている貧しい者は、もはや神に訴えるしか術がない（4節）。貧しい者、苦しめられている者の訴えは「万軍の主の耳に入っている」。この「万軍の主」という表現はイザヤ書に特徴的であり、ヤコブ書の著者がイザヤ書の言葉遣いを意識していることを示す──「災いだ、家に家を加え、畑に畑を加え、隣人の物を奪い去ろうとする者たちは。地上に君たちだけで住もうというのか。これらのことが、万軍の主の耳に聞かれたのだから。多くの家が建てられても、大きく美しい家は荒れ果て、そこに住む者はいなくなるのだから」（イザヤ書 5:8-9、七十人訳）。

　自分で立ち向かう術のない貧しい者の訴えを耳にした神が、富める者に対して報復しないはずがあろうか──「彼（＝万軍の主）は、君たち（＝富める者）に立ち向かわないだろうか？」[9] すでに旧約の箴言 3:34 が告げているように、神は「奢る者に立ち向かい、低い者たちに恵みを与える」（ヤコブ 4:6）のだから、傲慢な富者たちに報復されないはずがない。ヤコブ書の著者は、終末に起こる惨劇を、すでに現実のものとして宣言するという預言者的な手法を用いている（2-3節）。神の審判の時を意味する「屠殺の日」（5節）という表現には、預言者エレミヤの言葉が反響してい

注9：新共同訳聖書はこの文を「その人（＝正しい人）は、あなたがたに抵抗していません」と訳しているが、これだと前の文とのつながりがわかりにくい。主語（明示されていない）は4節の「万軍の主」であり、文全体は、肯定の答えを予期した修辞的疑問文と見る方が良い。

第5章　復讐するのは神　101

る――「彼らを、その屠殺の日のために清めてください！」（エレミヤ書 12:3、七十人訳）。ここでは、貧者・弱者の訴えを受けての「報復」として終末の裁きがイメージされている。聖書の終末論にこのような側面があることは見逃せない。

(2) 黙示文学的表現の例：ヨハネ黙示録

　ヨハネ黙示録は、紀元 1 世紀の終り頃、小アジアのユダヤ人キリスト教徒によって書かれた文書で、七つの教会への手紙（1-3 章）と終末のドラマ、とりわけ、終末の直前に起こる出来事（＝終局史）の描写（4-22 章）から成る。このうち第 2 部の終末描写は、旧約・初期ユダヤ教以来の黙示文学の手法を用いて（ダニエル書やエチオピア語エノク書、シリア語バルク黙示録など参照）、終末に至るまでの様子を描き出しているのだが、そこには、当時の地中海世界において政治・経済・社会を支配していたローマ帝国のあり方に対する怒りがありありと見て取れる。

　終局史のドラマは、天上世界で「ほふられた小羊」（＝キリスト。4:6 ほか）が神と等しい地位に即位することから始まる（4-5 章）。終局史の出来事を記した巻物を神から受け取った小羊が七つの封印を一つ一つ開くと、そのたびに大きな災いがこの世界に引き起こされていく。それらはしかし、ローマ帝国の中で人々が経験している現実の災いが投影されたものなのである。

　七つの封印が解かれた時の災いは次のようになっている（6-8 章）。

①白い馬、弓を手にした騎士＝軍隊の勝利に次ぐ勝利（戦争は多くの人間の殺戮を伴う）
②赤い馬、剣を手にした騎士＝地上から平和が奪い取られ、殺し合いが行われる
③黒い馬、秤を手にした騎士＝食物の窮乏に伴う極端なインフレ

④青白い馬、「死」＝疫病（青白い［chlôrós］は病気や死との関連で用いられた）
⑤神の言葉と自分たちの証しの故に殺された人々の魂の、神による復讐を求める叫び
　天からの返答：まだまだ殺される人間の数は増えていく。なおしばらく待たねばならない
⑥大地震、天変地異＝神と小羊（キリスト）の怒りの大いなる日の到来
　怒りの対象＝支配階級（6:15）、社会的強者
⑦７つのラッパを持った７人の天使の登場

　ここに描かれているのは、戦争に伴う殺戮（イラク戦争やパレスティナ紛争でも同じ!）、飢饉の際に生じる強度のインフレ、そして疫病の流行という、当時の一般民衆が直面していたであろう「災い」である。第３の封印においては、飢饉や災害に乗じた食糧の独占・値段の吊り上げが問題とされている。

　　　5 小羊が第三の封印を開いたとき、第三の生き物が「出て来い」と言うのを、わたしは聞いた。そして見ていると、見よ、黒い馬が現れ、乗っている者は、手に秤を持っていた。6 わたしは、四つの生き物の間から出る声のようなものが、こう言うのを聞いた。「小麦は一コイニクスで一デナリオン。大麦は三コイニクスで一デナリオン。オリーブ油とぶどう酒とを損なうな。」(6:5-6)

　１コイニクス（＝約1.08リットル）の穀物が一人１日の消費量とされるが、キケロ（『ウエッレース弾劾』第３演説81章）によれば、元老院が定めた価格は小麦１モディウス（＝８コイニクス）で４セステルティウス（＝１デナリオン。シチリアでの市場価格は２〜３セステルティウス）、大麦はその半値だったというから、小麦の場合は通常の８〜16倍の値段とい

うことになる。1 デナリオンは労働者の 1 日の労賃に等しいとすれば（マタイ 20:2 参照）、1 日働いてやっと一人分の小麦が買える程度にしかならないのだから、それがいかにひどい状態であるかは容易に想像がつく。

> 9 小羊が第五の封印を開いたとき、神の言葉と自分たちがたてた証しのために殺された人々の魂を、わたしは祭壇の下に見た。10 彼らは大声でこう叫んだ。「真実で聖なる主よ、いつまで裁きを行わず、地に住む者にわたしたちの血の復讐をなさらないのですか。」11 すると、その一人一人に、白い衣が与えられ、また、自分たちと同じように殺されようとしている兄弟であり、仲間の僕である者たちの数が満ちるまで、なお、しばらく静かに待つようにと告げられた。(6:9-11)

戦争や飢え、そして疫病に襲われる中で、神の言葉（＝真理）に忠実に生きようとする人々、すなわち悪の側につくことなく、人間としての正しさを貫いて生きようとする人々（キリスト教徒だけに限られない）は命を奪われていく[10]。そのような状態がいつまで続くのか、復讐はいつ行われるのか、とその人たちの魂が神に叫ぶ。すると天からの声が答えた──まだ殺戮は続き、殺される者の数は増える。今しばらく待たねばならない。ここにはすでに、終末とは、悪を働く者たち（ローマ帝国の支配者および社会的強者）に神が復讐する時なのだという認識がはっきりと示されている。

七つ目の封印が解かれると今度は、七つのラッパを持った 7 人の天使が現れる。ラッパが吹かれるごとにやはり大きな災いが起こり、終局史の惨状は極まるのだが（8-11 章）、最後のラッパが吹かれたところで天上における合唱が起こり、神とキリストによる地上の支配が成就したことが告げられる（11:15 以下）。

終末の到来はこれで達成されたはずなのだが、ヨハネ

注10：この人々はキリスト教の殉教者を表していると通常解釈されているが、田川(281頁)はそれに反対し、「この世界で、何らかの意味で正しく生きようとした人々」を黙示録の著者は念頭に置いているとする。

黙示録は12章以下で再び終局史の最初の段階（＝5章と同じ段階）に戻り、終局史を描き直している。12章以下では、神に敵対する悪魔的勢力（ローマ帝国の比喩）がより詳しく描かれると同時に、その悪魔的勢力に対する神の怒りもはっきりと示されている。ローマ帝国をかつてのバビロニア帝国になぞらえつつ繰り返し著者は叫んでいる──「倒れた。大バビロンが倒れた。怒りを招くみだらな行いのぶどう酒を、諸国の民に飲ませたこの都が」(14:8。18:2, 10, 21 も参照)。

18章ではローマ帝国の崩壊が描かれ、これが終局史の頂点をなしている。

> 1 その後、わたしは、大きな権威を持っている別の天使が、天から降って来るのを見た。地上はその栄光によって輝いた。2 天使は力強い声で叫んだ。「倒れた。大バビロンが倒れた。そして、そこは悪霊どもの住みか、あらゆる汚れた霊の巣窟、あらゆる汚れた鳥の巣窟、あらゆる汚れた忌まわしい獣の巣窟となった。3 すべての国の民は、怒りを招く彼女のみだらな行いのぶどう酒を飲み、地上の王たちは、彼女とみだらなことをし、地上の商人たちは、彼女の豪勢なぜいたくによって富を築いたからである。」
> 4 わたしはまた、天から別の声がこう言うのを聞いた。「わたしの民よ、彼女から離れ去れ。その罪に加わったり、その災いに巻き込まれたりしないようにせよ。5 彼女の罪は積み重なって天にまで届き、神はその不義を覚えておられるからである。6 彼女がしたとおりに、彼女に仕返しせよ、彼女の仕業に応じ、倍にして返せ。彼女が注いだ杯に、その倍も注いでやれ。7 彼女がおごり高ぶって、ぜいたくに暮らしていたのと、同じだけの苦しみと悲しみを、彼女に与えよ。彼女は心の中でこう言っているからである。『わたしは、女王の座に着いており、やもめなどではない。決して悲しい目に遭いはしない。』8 それゆえ、一日のうちに、

さまざまの災いが、死と悲しみと飢えとが彼女を襲う。また、彼女は火で焼かれる。彼女を裁く神は、力ある主だからである。」
9 彼女とみだらなことをし、ぜいたくに暮らした地上の王たちは、彼女が焼かれる煙を見て、そのために泣き悲しみ、10 彼女の苦しみを見て恐れ、遠くに立ってこう言う。「不幸だ、不幸だ、大いなる都、強大な都バビロン、お前は、ひとときの間に裁かれた。」11 地上の商人たちは、彼女のために泣き悲しむ。もはやだれも彼らの商品を買う者がないからである。12 その商品とは、金、銀、宝石、真珠、麻の布、紫の布、絹地、赤い布、あらゆる香ばしい木と象牙細工、そして、高価な木材や、青銅、鉄、大理石などでできたあらゆる器、13 肉桂、香料、香、香油、乳香、ぶどう酒、オリーブ油、麦粉、小麦、家畜、羊、馬、馬車、奴隷、人間である。(18:1-13)

　ローマ帝国の崩壊は著者にとってまさに、神による「仕返し」(6 節)なのである。多くの人々を苦しめ、その命を奪うことによって繁栄してきたローマ帝国の支配者たち、またその繁栄から大きな利益を得てきた商人たちに対し、その繁栄の陰で苦しめられてきた人々に代って神の復讐がなされ、帝国の繁栄は灰に帰するというのである。多くの贅沢品、そして人身さえも売買の対象としてきた(13 節)ローマ帝国の経済的繁栄がここでは徹底して打ち砕かれている。
　その後に天上での大合唱が聞こえてくる——「ハレルヤ。救いと栄光と力とは、わたしたちの神のもの。その裁きは真実で正しいからである。みだらな行いで地上を堕落させたあの大淫婦を裁き、御自分の僕たちの流した血の復讐を、彼女になさったからである」(19:1-2。傍点辻)。ローマの崩壊は神による「血の復讐」、すなわち第 5 の封印が開かれた際に、「神の言葉と自分たちがたてた証しのた

めに殺された人々」の魂が神に求めたもの（6:10）が成就した出来事なのである。黙示録の著者はこの後、19-20章でさらに悪魔的勢力の滅亡を描き、千年王国の出現（20:4-6）および最後の裁き（20:11-15）を経て、新しい天と地の到来という大団円で物語を結んでいる（21-22章）。

5　まとめ

　復讐は自分でするものではなく、神の怒りに委ねるべきだというローマ 12:19 の言葉は、イエスの愛敵の教えを具体的に実践する術の一つとして与えられている戒めであり、旧約・ユダヤ教以来、隣人愛の戒めと結びついて、隣人愛のいわば実践として理解されていた。その意味で、暴力に反対する聖書的根拠として評価されるべき言葉である。

　隣人からはたとえ害を受けたとしても、それに復讐すべきではなく、なすべき復讐は神に委ねて、自らは善をもって報いるべきだという考えは、旧約ならびに初期ユダヤ教、そして新約聖書に流れ込んでいる。その際、「隣人」を同じ信仰者集団ないし同国人に限定して考えているテキストもある一方、より広範囲にわたる人間関係を考えているテキストもある。ローマ 12:19 は明らかに後者に属している。

　しかしながら、神に復讐を委ねるという考えは、暴力の断念という一種の倫理だけには留まらない。自分がやろうと思えばできる復讐を断念するという場合だけではなく、とても自分の力では対処できない、社会の大きな構造的悪に対する怨念の表現として、神に復讐を願い求めるという局面も新約聖書には出て来る。預言者的精神を強く見せているヤコブの手紙が宣言する、弱者を虐げて私腹を肥やす富者が破滅する時としての終末、また、ヨハネ黙示録が描く、ローマ帝国の崩壊をもたらす時としての終末はいずれも、神が貧者・弱者に代って復讐をする時としてイ

メージされているのである。これらは、神自らが必ず悪を打ち破り、正義を守る時が到来するという終末論的確信の表現であり、その確信こそが、悪に対して善で対抗するという倫理を裏打ちしているのである。

【参考文献】

日本聖書学研究所編（1963）『死海文書』山本書店。
佐竹明（1978/89）『ヨハネの黙示録』上・下（現代新約注解全書）新教出版社。
田川建三（2004）「終れない終末論」、同『キリスト教思想への招待』勁草書房、243-320 頁。
土岐健治（2003）『はじめての死海写本』（講談社現代新書 1693）講談社。
辻　学（2001）『ヤコブの手紙』（現代新約注解全書）新教出版社。
ヴィルケンス, U.(2001)『ローマ人への手紙』(EKK VI/3)岩本修一訳、教文館。
Sato, M.(1988) *Q und Prophetie* (WUNT II.29), Tübingen: Mohr Siebeck.

資料　9.11同時多発テロに対するキリスト教諸団体の声明

1 聖書的根拠づけを含まないものの例
＊ブッシュ大統領宛の日本キリスト教協議会（NCC）総幹事、平和・核問題委員会
　委員長による申し入れ書（2001.9.12）

　11日、米国の人々が襲われた突然の殺戮行為とその惨劇に対して平和を願う世界中の人々は、私たちとともに大きな衝撃を受け、深い悲しみと慄きのうちに、哀悼の祈りを共にしていると考えます。日本キリスト教協議会（NCCJ）につながる私たちも、犠牲者の方々を深く悼み、また、瓦礫の下で生き延びている人々の一刻も早い救出と手当てを受けている方々の癒しを、心から祈るものです。

　この日、米国ニューヨークの世界貿易センタービルとワシントンの国防総省という、米国経済と軍事戦略の中心といえる建物に、何者かにハイジャックされた3機の旅客機・航空機が相次いで激突し、炎上しました。またピッツバーグ付近でも航空機が墜落し、「同時多発テロ」として世界中を震撼させ、暴力と「テロ」に対する憤りを巻き起こしています。

　4機の乗客乗員をはじめ、このビル内で働く人々、救助に当たった人々など、実に何千人もの死傷者・被害者は、ごく普通の一日を初めたばかりでした。巨大な軍事力のすき間を縫うような形で、ハイジャックした飛行機でビルに突撃するという暴挙は、ミサイルによる攻撃同様、どのようなことがあっても許されてはなりません。このような犯罪行為は、国際的な、完全に法的、理性的、平和的方法で処罰されるべきです。米国が「自由と民主主義」に対する攻撃に対して、断固とした闘いを宣言されるとき、私たちは、その闘いが、軍事的報復によらない完全に平和的手段によるものであり、そのことによって、米国の正義と平和への決断における倫理的優位を、国際社会に対して明らかに示すものであることを、心から希うものです。

　「報復」は、敵意と軍拡の相乗作用を増幅させるだけで、平和を危うくし、人々を恐怖と不安に陥れるだけです。いかなる科学的先進的技術による防衛も、敵意のあみ出す巧妙な攻撃を封じることはできないでしょう。軍拡競争への道を遮断し、和解と平和への道を模索する他、人類が生き延びる道はありません。米国がこれまで地域対立への調停の役割に惜しみない努力を傾注してこられたのも、市民生活を大切にする自由と民主主義の精神を固持したいと考えられたからでした。世界中のどの国も、経済的な状態や社会的な状況に関わらず、軍隊でない市民がミサイルや「テロ」攻撃にさら

されることはそれ自体不正義であり、決して許されることではありません。

　日米安保条約の下、他国への攻撃の基点とされ、さらなる基地強化がなされようとしている沖縄など多くの基地を抱える日本にとって、今回の攻撃はけっして他人事ではありません。軍事「報復」をもたらす危険な基地の撤去を求めます。

　今こそ、滅びに到る「報復」のワナにおちいることなく、米国の正義と自由、民主主義を、全世界に明らかにすることにより、真の平和への道を指し示されることを強く希望するものです。

　　　　　　（出典：http://shinrinomachi.at.infoseek.co.jp/fromncc.html）

＊ブッシュ大統領宛の日本カトリック正義と平和協議会会長による要請文（2001.9.14）

　去る11日、貴国でおきた突然の無差別殺戮行為に対して大きな衝撃を受け、深い悲しみのうちに多くの犠牲者とそのご遺族に対して心からの哀悼の意を表します。行方不明の生存者が一刻も早く救出され、また負傷した方々が一日も早く全快なさることを祈ります。

　ブッシュ大統領は今回の暴挙に対して「自由と民主主義」に対する攻撃であり戦争行為であるとみなし、断固とした報復を実行すると宣言されました。

　私たちはどんな理由があろうとも、どんな信条によったとしても、かけがえのない人の命を破壊するような暴力を決して容認することはできません。私たちは今回の殺戮行為を絶対に認めることはできませんが、報復のための暴力もまた認めることはできません。どんな暴力も暴力を防ぐことにはならないからです。そればかりでなく報復は平和をもたらさず、かえって新たな報復を呼び起こすことになり、世界の平和を危うくし、人々を恐怖と不安に陥れることになるだけです。今回のテロが卑劣きわまりない犯罪行為であるからこそ、アメリカと国際社会は同じ殺戮という方法ではなく、法と理性にもとづく平和的方法で解決されるべきであると考えます。

　したがって私たちは報復のための武力を行使されることに心からの憂慮を表明します。

　平和的な手段によってのみ、暴力を防ぐことができることを確信し、決して報復戦争を開始しないよう強く要請します。

　　　　　　（出典：http://www.jade.dti.ne.jp/~jpj/jp-M010914Bush.html）

2 聖書的信仰は平和主義・非暴力であると前提している例
＊日本基督教団九州教区伝道センター平和・人権部門による声明「米国の報復戦争と日本政府の追従姿勢に抗議する」(2001.9.28)

> 　私たちは日本基督教団九州教区にあって平和と人権の問題への取り組みを委託され、キリスト教信仰に基づいて平和で公正な社会を祈り願いつつ活動している者です。
> 　私たちは、9月11日に起こされた、アメリカ・ニューヨークの世界貿易センタービルなどへのテロ行為に対し、強い抗議を表明します。いかなる理由があっても、無差別に無防備な人々を殺傷する行為は正当化できるものではなく、強い怒りと悲しみを覚えるものです。
> 　しかし、その怒りと悲しみが、即座に報復戦争に結びつくことには、さらに強い疑念と恐怖を覚えます。テロ行為に携わった人々は、人道に反する犯罪者として厳正な法の裁きを受けなければなりません。ところが、米国は法的な追及を飛び越えて、軍事的報復に踏み切ろうとしています。しかも「テロの犯人を処罰するだけではなく、これを可能とするシステム・国家を排除する」、「これは"善"と"悪"、"文明"と"野蛮"との戦いだ」などと伝えられるブッシュ大統領の発言は、事件後の興奮状態の中とは言え、常軌を逸しています。また、このアメリカの「戦争」に同盟国ばかりでなく、「国際社会」全体を巻き込もうと脅迫混じりに呼びかけている大統領の発音には言い知れぬ恐れを感じます。(後略)
>
> 　　　　(出典：http://homepage3.nifty.com/p-and-r/hohukukogi.htm 下線は辻)

3 聖書的根拠を挙げている例
＊日本基督教団総会議長による、ブッシュ大統領宛「要望書」(2001.9.18)

> 　貴国、ニューヨーク、ワシントンで引き起こされた同時多発テロに対し私たちは抑えがたい強い憤りを覚えています。テロによって亡くなられた多くの方々のために深い哀悼の意を表し、遺族の方々に神の御慰めを祈ります。
> 　大きな傷を負い治療を受けておられる多くの人々の上に神の御手が添えられますように。また今日もなお行方不明の方が5千人近くおられますが、その救助活動が守られて、一人でも多くの命が助かることを望んでいます。
> 　憎悪と誤った熱意が生み出したこのような事件が根絶される道の見出されることを切

望します。それと共に民主主義の理念によって、世界をリードする貴国の真の強さが示されることを期待しています。

　聖書に「愛する人たち、自分で復讐せず、神の怒りに任せなさい」という一節があります（辻：ローマ 12:19）。憎悪の極限が生み出した事態を解決するために、ゆだねるべきことを神にゆだね、人間のなしうることを精一杯なさなければなりません。アメリカ民主主義が育んできた大いなる知恵と忍耐がこの時こそ生かされることを祈っています。

　二十一世紀の世界を方向付ける局面に向き合い、人類の運命を担う重大な地点に立つブッシュ大統領、あなたの決断の上に神の導きのあることを切に祈ります。

（出典：『キリスト新聞』2001 年 11 月 3 日号。下線は辻）

第III部 暴力克服への摸索 ――キリスト教の視点から

III

第6章　人間の欲望とキリスト教
——ルネ・ジラールを手がかりに

平林孝裕

1　はじめに

　宗教は、人びとに幸福と希望を与えるものであるはずであろう。そして、そのような人びとの期待のなかで、今日もっとも切迫した願いとは、平和への願いにちがいない。聖書で「平和を実現する人は、幸いである」とイエスが語るように、キリスト教こそ、そのような願いを端的に表現してきたはずである。しかしながら、宗教を、そしてキリスト教をとりまく現実を直視するとき、その期待とはかけ離れたところにあることに、私たちは愕然とするほかはない。

　9・11の同時多発テロ事件は、現代の紛争・暴力がある種の宗教的な対立であるかのように広く印象づけたし、翻って日本に眼を向ければ、カルト集団と云われるオウム真理教の無差別テロ事件は、いまだ記憶に新しいところである。歴史的に回顧すれば、キリスト教は十字軍を敢行し、新大陸などでしばしば暴力的な布教活動をおこなってきたし、かたやイスラームについても、「改宗か然らずんば剣を」という標語は、不当な特徴づけであるにしても、ムハンマドの後継者をめぐるまさに血で血を洗う抗争は決して褒められたものではなかろう。また、さまざまな諸宗教において、たとえばトラジャ（インドネシア・スラウェシ島）の葬送儀礼で水牛ほかの家畜が屠られ、サマリア教の過越の祭りで羊が屠られるように、血生臭い儀式がつきものであることを知っている人は多いだろう。

　これらの事実は、私たちに、平和よりむしろ暴力こそ宗

教の本質ではないのかとの疑念を抱かせる。宗教を通して平和を願う以前に、いったい宗教は、暴力とどのような関係にあるのか、そして宗教にまつわる暴力を克服するためにはどのようにしたらよいのかが、まず問いたずねられるべきではないのか。ここでは、人間の営みとしての宗教の仕組みを検討することによって、暴力と宗教・キリスト教の関係、暴力克服の途を、人間の欲望の問題に着目することによって探ってみよう。

2 宗教・聖なるもの・供犠(くぎ)

さて、宗教とはいったいどのような営みなのであろうか。

今日の宗教についての諸研究でも、この問いの答えが必ずしも明確になっているわけではない。このような問いは、最初、宗教についての比較研究がおこった近代ヨーロッパで問題になったが、キリスト教的な伝統の影響のもと、宗教は「神や神々に対する崇拝」と定義された。しかし、アニミズムやアニマティズムでは、霊的存在や霊的力などの超自然の観念はあるものの、十分に神格化された観念は備えていないこと、また仏教（とくに初期仏教）のように神の観念を中核としない宗教への理解が深まると、このような一面的な宗教の定義は放擲された。

このような宗教の定義にかわって、とくに社会学的なアプローチから、宗教的観念を共有する集団に着目する定義の試みがなされた。デュルケーム[1]は、宗教を「神聖すなわち分離され禁止された事物と関連する信念と行事との連帯的な体系、教会と呼ばれる同じ道徳的共同社会に、これに帰依するすべての者を結合させる信念と行事である」（『宗教生活の原初形態』）と定義した。この定義で重要であるのは、宗教がたんに信念や崇敬といった人間の内的状態だけでなく、集団によって担われる儀礼的側面をもつことを明らかにしたところにある。見方によっては、信念

注1：エミール・デュルケーム（Emil Durkheim, 1858-1917）フランスの社会学者。M・ウェーバーと並んで社会学の祖といわれる。主著『社会分業論』(1893)、『自殺論』(1897)。

や崇敬は儀礼に表現され、これに参与する集団は、儀礼を通してはじめて、みずからの信念や崇敬を確認できるとすれば、かえってそのような儀礼が第一義的な意味をもつとも考えられる。

　デュルケームの定義で主要な意味をもつのは、「聖」の観念である。すでにロバートソン・スミス[2]が古代セム族の宗教の研究から、宗教の中心概念としての「聖」に着目し、その特性が隔離・分離にあり、日常的なものから区別されねばならないと主張していた。デュルケームは、スミスの同様、聖観念を宗教現象の主要概念とみとめつつも、あるものを聖とみなす内的な規準は、その事物には内属せず、ただ聖と俗との対比・分離によってもたらされることを看破した。聖と俗とのこのような分離は人間との関係により定められ、そのような分離の仕方は社会によってそれぞれ決められている。デュルケームが「社会が神である」とみなす所以である。

　聖と俗の分離は、一般に二つのタイプの儀礼によって表現される。つまり消極的儀礼としての禁忌（タブー）と積極的儀礼としての供犠（サクリファイス）である。この二つの儀礼を、トーテミズム[3]から説明してみよう。

　トーテム崇拝においては、それぞれのクラン（氏族）が特定のトーテムをもち、トーテムとされた動物などを捕獲して食べることは禁じられている。またトーテムを象徴する画像・図案も神聖視される。そのような図案が刻印された儀礼用具への接触は禁止され、秘められた場所に保管されている。これらの禁忌に対して選ばれた時と場所でおこなわれる祝祭においては、トーテム獣が犠牲にされ、それを集まった者たちが共食したり、普段触れてはならないとされた儀礼用具や聖とされた石などにあえて触れることが認められる。

　このような儀礼を通じて、一つのトーテムを戴く氏族は、聖と俗に端的に示される分類の体系を再確認し、その共

注2：ロバートソン・スミス（William Robertson Smith, 1846-1894）イギリスの人類学者。彼の神話儀礼説はフレイザーなどに広範な影響を与えた。主著『セム族の宗教』（1894）。

注3：トーテミズム（totemism）特定の種類の動植物、場合によっては自然現象をトーテムとして、集団を象徴する神として崇拝する信仰、社会制度。北アメリカからオーストラリアのアボリジニ、メラネシアなどに見られる。

注4：供犠　儀礼的屠殺によって動物などを犠牲として神霊に捧げる行為。かつては人身儀礼も行われた。飲食物や物品を捧げる場合もこれに含む（有斐閣『社会学事典』）。

注5：モース（Marcel Mauss, 1872-1950）フランスの社会学者。デュルケームの甥で、そのよき協力者でもあった。とくに人類学の領域で活躍し、贈与や呪術に注目した。主要な論文は『社会学と人類学』（1950）に所載。

注6：『供犠』正しくは『供犠の本質と機能についての試論』（1908）。

注7：ジグムント・フロイト（Gigmund Freud, 1856-1939）ウィーンのユダヤ人家庭に生まれる。もともと神経学者であったが、ヒステリーの研究から無意識の領域を発見し、隠蔽された抑圧の治療技法としての精神分析を展開した。主著『精神分析入門』『夢判断』など。

注8：オイディプス王　ギリシャのポリス、テーバイの伝説上の王。数奇な運命から父を殺害し、その母と結婚したその罪悪感から自ら目をつぶし放浪の旅に出た。彼の一族をめぐる物語は、ソポクレスの悲劇三部作として描き出された。

同体は安定化される。この意味で、宗教は共同体の連帯を強化する統合の機能を持つとデュルケームは考えた。

とくに重要な意味をもつ儀礼は、供犠[4]である。供犠＝サクリファイス（sacrifice）は、sacer〈聖なる〉＋facere〈なす〉で、「聖なる事柄をなす」という意味のラテン語に起源する。デュルケームが考察したトーテミズムに限らず、供犠は世界の宗教に広く見られる儀礼的行為である。

供犠の意味について、タイラーは「未開人が超自然的な存在から好意を得るための贈与行為」（贈与説）であるとし、またスミスは「トーテミズムを基礎に共食により神霊と人間が交流しあうこと」（交感説）であると主張していた。モース[5]は、ユベールとともに『供犠』[6]で、供犠の構造と機能を研究して、供犠は形態的に多様でも「入場―執行―退場」という一般的過程をもっていることを解明した。すなわち供犠には、犠牲となるものの聖化と脱聖化のプロセスがあり、その中で聖化された犠牲を媒介にして供犠参加者と神霊との伝達が達成される。この事実は、何かすでに宗教的な質をもった犠牲を捧げることに意味があるのではなく、儀式自体に供犠の本質があることを示している。供犠を執行する者は犠牲物を費やし儀式のために労力を費やすことによって、それに係る人間の状態を、つまり社会的な関係を変化させるのである。

3　宗教の憶測的起源

デュルケームたちによれば、宗教、そして供犠の本質はその社会的機能にあり、その機能ゆえにひろく集団に影響力を行使するものであった。これに対して、フロイト[7]は、精神医学的な立場から、宗教と供犠の起源を論じ、その克服を唱えた。

フロイトの発達論のなかで重要な位置を占めるのが、ギリシャ悲劇に登場するオイディプス王[8]の物語にちなんで

名づけられたエディプス・コンプレックスである。かれはこのエディプス・コンプレックスの問題を個人史にとどまらず人類史に拡張した。フロイトによれば、幼い男児は、五歳ごろになると、母親に対して性的な関心をいだき、母親を独占しようと望む。その結果、

> 幼い男の子が、父親に対して特別な関心をあらわすことがあるが、それは自分も父親と同じようでありたい、すべての点で父親の代わりになりたい、という関心である。
> （『集団心理学と自我の分析』）

　しかし、その願望充足には父親が障害となって、これを憎悪するものの、強力な父親の復讐を恐怖し（去勢不安）、結果的には、母親との結合を断念し、父親に自己同一化することによってこれを克服し、成長と共に他の異性へと性的衝動を向けるよう発達すると考えた。
　『トーテムとタブー』において、フロイトは、このエディプス・コンプレックス仮説をそのまま拡張して宗教の起源を説明した。フロイトによれば、トーテムとは父親の代理物・象徴にほかならない。当時の霊長類学にもとづいて、原初的人類は小集団の群れ（ホード）で暮らしていたと仮定する。その群れでは、父親がすべてを支配し、女性を独占していた。群れから駆逐された息子たちは、共同して父親を襲撃し、その肉を食ってしまったとフロイトは推測する。この恐ろしい最初の父殺し（原父殺し）の罪悪感から、兄弟たちは、二つの宗教的な禁忌、つまりトーテムを殺すのを禁ずるタブーと父親から解放された女性たちと性的交渉をむすぶことを断念するタブー（父の集団には兄弟たちの母親や自分の姉妹も含まれていたはずであるのでこれはインセスト・タブー[9]となる）を作り上げたというのである。まさに「その二つのタブーは、エディプス・コンプレックスにおいて抑圧されている二つの願望と一致する」（『トーテムとタブー』）

注9：インセスト（incest）近親相姦のこと。人類では、子どもがその親や近親者と交わることを禁ずるタブーがほぼ普遍的に確認される。

第6章　人間の欲望とキリスト教　119

と断定する。そして、この原父殺しの記憶を象徴的に反復するために、父親の代理物であるトーテムを共に食べる（トーテム饗）のだと主張した。

　フロイトの主張には、二つの焦点がある、第一に、宗教さらに道徳には、エディプス・コンプレックスという人間の性的発達をめぐる問題が介在しているということであり、第二には、宗教の起源には、原初の暴力があったということである。フロイトはきわめて素朴に、この原初の父親殺しの出来事は、実際の歴史的な出来事であると確信していた。このような宗教起源仮説によるならば、私たちの宗教は性的な問題にともなう抑圧そのものであり、発達段階でいえば、幼児期の課題に相当する事柄であり、それが成人した大人を支配しているとすれば、神経症的であると見なすことができる。事実、フロイトは、宗教をそのようなものと考え、将来、必ず宗教は人間の知性によって克服されるし、克服されるべきであると考え続けた（『ある幻想の未来』）。

　宗教の起源をめぐるフロイトの仮説は、当然のように今日では疑問視されている。フロイトが仮説の根拠にすえた、ダーウィンが唱えた原初的な群れは人類には否定されているし、トーテム饗は、必ずしもトーテミズムが観察されるすべての氏族に見られるわけではない。さらにエディプス・コンプレックスを主張するきっかけとなった有名な「ハンスの症例」も、父親を介しての間接的な治療であり、その妥当性が疑われている。しかし、フロイトの大胆な議論は、次節のような刺激に満ちた宗教論の端初となる。

4　人間の欲望と宗教の秘密

　人間の性の次元という限られた仕方であったが、人間の欲望と宗教との関係をはじめて指摘した点で、フロイトの宗教論を評価するのが、ルネ・ジラール[10]である。ジ

注10：ルネ・ジラール（René Girard, 1923-）フランス生まれの文芸評論家・人類学者。フランス国立古文書学院で学んだ後、アメリカで研究を続け、ジョン・ホプキンス大学のフランス文学の教授となる。現在、スタンフォード大学教授。

ラールは、欲望の三角形といわれる独自の欲望論を基礎に、宗教という人間の営みの起源を探り、その根底に潜む、むしろ隠蔽された暴力の問題を抉り出した。ジラールの欲望論は、最初『欲望の現象学』において、文学批評のパースペクティブとして提示され、『暴力と聖なるもの』以降の論考において宗教・文化の領域へと拡張される。

（1）欲望のミメーシス性

いっぱんに私たちは、「わたし」が何かを対象として欲望するのであり、自分が「欲望の主体である」と確信して疑うことがない。

しかし、ジラールによれば、そのような二項的な欲望理解は、ロマン主義的な虚構にすぎない。むしろ、私たちは、他者の欲望を模倣することによって、はじめて何かを欲することが可能であり、そのような欲望の手本をえて欲望は欲望の対象を獲得する[11]。じつはこのような模倣性、ジラールはギリシャ語起源の用語をもちいて、ミメーシス性[12]と命名するが、これこそが欲望の働きの実相である。

さて、欲望の手本となるものをジラールは媒介者と呼ぶ。欲望は、本来、「主体―媒介者―対象」の三項から構成される関係なのであって、この関係のなかで媒介者が決定的な役割をはたす。見かけ上、「主体―対象」と見えながら、そこに媒介者が係って構成されるこの三項関係を、ジラールは「欲望の三角形」と命名する（図1）。

欲望の三角形は、欲望の主体とその媒介者との距離によって、二つのタイプが考えられる。すなわち、主体と媒介者が十分に離れている場合には、媒介者は純粋に主体に対して媒介者としてのみ機能する。主体は、媒介者に欲望の形姿を見出し媒介者のように欲望する。この場合を「外的媒介」という。いっぽう、主体と媒介者との距離が十分にとれていないとき、主体は媒介者を介して、自分の欲望を見出すと同時に、その主体の欲望が、さらに反転し

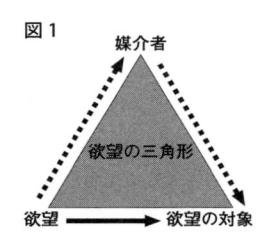

図1

欲望の三角形
媒介者
欲望　欲望の対象

注11：創世記3章で、エバが蛇の言葉を聞いた後、神に食べることを禁じられた木の実が「おいしそうに」見えるようになったことは、ジラールの理論に対照したとき、示唆的で興味深い。この場合は、蛇（の言葉）が、エバの欲望の「媒介者」の機能を果たしていると見なしてよいだろう。

注12：ギリシャの哲学者アリストテレスが、人間の動物に対する特長を「ミメーシス」（mimesis）の能力に認めていたことが、この関連で想起されてよい。

第6章　人間の欲望とキリスト教　121

図2

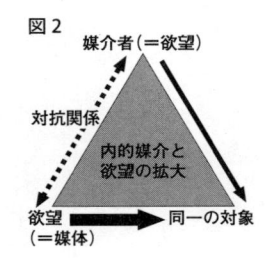

媒介者（＝欲望）

対抗関係

内的媒介と欲望の拡大

欲望（＝媒体）　同一の対象

注13：『こころ』大正三年（1914年）に朝日新聞に連載された。『行人』『彼岸過迄』と並んで後期三部作の一つされる。日本の小説における「欲望の三角形」説の適用は、作田啓一の論述を参照されたい。

て媒介者に対して欲望の媒介者として働くことになる。この場合では欲望の主体と媒介者が、容易に入れ替わるため、主体と媒介者の関係は一義的ではなく、主体は媒介者の、媒介者は主体の媒介者であるという循環関係に陥る。このような「内的媒介」において、日常的な表現を用いれば、主体と媒介者は相互置換可能なライバルとなって、相互に欲望を媒介しあうことによって、その欲望がエスカレートする事態となる（図2）。

　私たちがよく知っている事例を取り上げよう。夏目漱石の『こころ』という小説[13]では、最後の書簡体で描かれた部分で、「わたし」の「先生」の学生時代の出来事が語られる。「先生」はある家に下宿し、その家の「お嬢さん」にある恋心を抱いていた、いや正確には「憧れ」といった感情を抱いていた。そこに友人である「K」が介在するようになる。先生はKがお嬢さんを好きになるような人物ではないとの憶測から同じ下宿を世話したはずであったのだが、Kとお嬢さんの行動から二人の関係についての疑念が次第に深まり、ある日突然、Kから告白を受ける。Kは、恋のライバルとして先生を動揺させ、先生はその悪循環を逃れるために、Kを裏切るかたちで、お嬢さんに結婚を申し込んでしまった。ここには、先生を中心に描かれた欲望の内的媒介の適切な描写がある。

　文芸評論から出発したジラールは、小説の使命をこれまで述べた「欲望のミメーシス性」という人間の真実、嫉妬や羨望、それよってもたらされる破局（つねにそれを作家自身がはじめからそれを意図していたわけでないが）を暴露することだと考え、セルバンテス、フロベール、スタンダール、ドストエフスキー、プルーストなどの作品がそのような作品であるとした。

　しかしながらロマン主義的な小説は、欲望の主体、その首位性という近代個人主義的な虚構に固執するあまり、欲望のメカニズムを隠蔽し、虚偽を描き出していると指弾

する。夏目漱石の『こころ』が暗示するように、欲望のメカニズムへの無知そして隠蔽は、「具体的な欲望」やその対象から遊離し、ただライバルを出し抜きたいといった「形而上学的な欲望」に転化した挙句、その欲望にかかわる者たちを傷つけ、しばしば悲劇的な結末をもたらす。Kが自死を遂げ、先生がその後、「お嬢さん」を手に入れたにもかかわらず、死者として暮らしたように。

　ジラールの意図は、個人主義の進展と共に深まる困難の奥底に欲望のミメーシス性への無理解・無知があることを暴露し、その虚偽性の開示によって、その突破・回心の可能性を示唆するところにこそある。

(2) 定礎の暴力と供犠

　「暴力と聖なるもの」とジラールが題したのは、単にこの二つのものの関係を語ろうとしたのではなく、「聖なるものこそ暴力である」という命題を提示しようと意図するからである。すなわち聖なるものに関する営み＝宗教の根底には、暴力があり、むしろ正しくは隠蔽されており、宗教は暴力なしには成り立ち得ないとの洞察がここにはある。では、宗教の根底はなぜ暴力であると主張されるのか。

　すでに確認したように、人間の欲望はミメーシス的であり、媒介者＝他者の欲望を模倣することなしには、その対象を獲得し得ない。しかし、この他者がその欲望の対象を占有する場合には、同時に、この他者はその欲望の充足を妨げる障害ともなる。先述のエディプス・コンプレックスはこのような欲望の普遍的な構造の特殊な場合とみなされうる。そして、この他者関係は、容易に交換可能であるため、他者同士はお互いにライバルとなって一つの欲望の対象をめぐって敵対的な関係に陥る。このような敵対関係は欲望の障害となる他者を排除したいとの暴力への欲望と容易にむすびつくことになる。他者への暴力という欲望が、さらに相互的に媒介されることによって、この欲

望は相互伝播した結果、人間は相互に殺し合い、かつて集団そのものが危機に瀕したことがあるとジラールは憶測する。

　そのような相互的な暴力への欲望が、あるとき、集団の成員がすべて一致して一人のライバルを殺害し排除し、集団すべてが共犯関係にはいったとき、殺された一人を除いた全員の相互的な暴力の欲望が浄化された結果、和解が成立し、ここに共同体が成立する。共同体は、相互的な暴力関係を回避し、タブーをさだめ、秩序を構築してゆく。ジラールによれば、すべての共同体は、このようにして定礎されたのであり、すべての共同体の基礎には、全員一致の暴力が存在したという。たとえば、ギリシャ悲劇のオイディプス王は、そのような定礎の暴力の記憶を反映している。疫病が流行し共同体が危機に瀕したとき、オイディプス王を傷つけ、テーバイから排除することで人々は救われたのである。

　共同体が伝承する神話は、このような定礎の暴力の記憶を語り、その暴力を想起させることで、禁止の遵守を共同体に繰り返し承認させるよう機能すると同時に、共同体の破滅・危機を救った「一人」を共同体の定礎者である「聖なる存在」として祭り上げるよう働く。

　しかしながらジラールは、人間の欲望のミメーシス性、それに由来する暴力のメカニズムは根源的であるので、共同体における相互的暴力が顕在化することがあるという。そのようなとき、相互的な暴力はただちに蔓延するのでなく、かつての全員一致の暴力を再現するように、一人の特別な対象に向けられる。身体的な畸形のあるもの、異形のものがその対象として選び出され、殺害される。オイディプス王のその名が「腫れた（オイディーオ）・足（プース）」をもつ者を意味している事実は、そのような異形のものが相互的暴力の回避のために共同体の犠牲とされることを傍証していると言えるだろう。

このように共同体に暴力は容易に回帰する。そのため、ふたたび暴力が共同体に蔓延することを防止するために、全員一致の暴力の反復する必要がある。共同体は、定礎の暴力を再現する形で、古代ギリシャのパルマコス[14]のように共同体にとって周縁的な人間や、身代わりの山羊（スケープゴート）を暴力的に破壊することを学んだ。これこそが供犠の起源であり、定礎の暴力は、この意味で供犠的な暴力でもある。

供犠によって、共同体は相互的暴力という穢れをその外部に排泄し、構成員の間に安定と平和をもたらす。供犠という最小の暴力の行使によって、無際限の相互的殺戮という暴力を回避するメカニズムがここに存在する。宗教とは、禁止と供犠を通じた共同体維持のメカニズムであり、すべての共同体の根底には、そのような機構が隠蔽されているのだとジラールは考えた。この意味で宗教こそまさに暴力なのである。

スキュブラ[15]によってジラールの宗教理論の要点を整理しておく。

①人間の欲望はつねに模倣的である。
②模倣的対抗関係のみが人間暴力の唯一の根源である。
③暴力を抑止できるのは、ひとり、宗教のみである。

そしてさらにジラールは、共同体の維持にかかわる諸制度は、禁止や供犠が宗教によって定められているように、宗教から派生すると結論づけた。供犠の機能は他者というライバルが相互的暴力の対象となること、暴力の応酬をさけることにある。現代社会では、法制度がこの機能を代行するが、法制度の実際は、供犠とはちがった仕方で抑制され管理された暴力である点に注目すべきである。したがって、

注14：パルマコス（pharmacos）古代ギリシャには食い詰めた浮浪者などを保護し養っておき、共同体が災厄に直面したとき、彼らを人身御供にした慣習があった。

注15：『ジラールと悪の問題』（1986年）所載のスキュブラによる論文を参照。

④文化は、その全体が宗教(より正確には供犠)に由来する。

5　非供犠的宗教としてのキリスト教

　宗教の起源・根底にある暴力を暴き出すというジラールの所論は十分に衝撃的である。しかしながら、それ以上に、論争的な主張をさらにジラールは展開する。

(1)「世の初めから隠されたこと」

　宗教の秘密、文化の秘密とは、定礎の暴力という一人の人間の殺害であり、それを再現・模倣することで相互的暴力を制御する供犠のメカニズムであった。この秘密は、すでに聖書、とくに福音書に語られており、この暴露によってイエスは宗教・文化の模倣性そして供犠性の克服を志向したのだと言う。したがってキリスト教は、唯一の非供犠的宗教、すなわち非暴力的な宗教だと言うのである。

　ジラールによれば、福音書のみならず、すでにヘブライ語聖書が非供犠的な傾向をもっている[16]。たとえば、創世記で繰り返し語られる兄弟争い、カインとアベル、ヨセフと兄弟たちの争いはその好例である。兄弟はお互いをその複製とみなし、(長子権をめぐって)その欲望を模倣する。兄弟はいずれかを傷つけたり、追放したり、遺棄したりした後、悲劇的な結末によって模倣的欲望の虚妄を示したり、欲望の対象を断念することによって平和的に和解する。

　しかしながら、イスラエル民族の歴史は、必ずしもここで志向された非供犠的な方向に展開したわけではない。身代わりの山羊、いわゆるスケープゴートの儀式も、明確に聖書で規定されているからである[17]。そのような当時のユダヤ宗教の供犠性を暴いたのがイエスであるとジラールは語る。

注16：以下の例に加えて、数々の預言者たちの発言をも想起すべきだろう。イザヤ書 1:11; エレミヤ書 7:22; ホセア書 6:6; アモス書 5:21 以下など。

注17：スケープゴート(scapegoat) ヘブライ語聖書・レビ記の4章、9章、とくに16章を見よ。七十人訳聖書では、贖罪のための山羊は、アポポンパイオス(apopompaios：「神の懲罰を退ける」の意)と翻訳される。また、新約聖書・ヘブライ人への手紙9章を参照。

> 律法学者とファリサイ派の人々、あなたたちは不幸だ。預言者の墓を建てたり、正しい人の記念碑を飾ったりしているからだ。(…) こうして、自分が預言者を殺した者たちの子孫であることを、自ら証明している。先祖が始めた悪事の仕上げをしたらどうだ。(マタイ 23:29,31) [18]

注18：ルカによる福音書では「天地創造の時から流されたすべての預言者の血について、今の時代の者たちが責任を問われることになる」(11:50) とも、イエスは語っている。

　ここで語られる墓は隠蔽された原初の出来事の象徴であり、当時の宗教的権威が（預言者の）「定礎の殺人」に基づいていることをイエスのこの発言が暴露していると、ジラールはみなす。イエスが詩編 78 を引きつつ、「私は口を開いてたとえを用い、天地創造の時［＝世の初め］から隠されていることを告げる」(マタイ 13:35, 傍点等は引用者) と語る秘密こそ、この原初的暴力に他ならない。

　このように語ったイエスは、十字架につけられ、声をあげない羊のように熱狂したユダヤ民衆の声により、殺害される。これを見ると、むしろ福音書こそが定礎の暴力そのものを伝えている「神話」であるかのように思われるかもしれない。けれども、ジラールによれば、イエスの受難こそ、定礎の暴力への端的な抗議となっているという。そもそもイエスが告発されるのは、かれにより暴かれた不正・矛盾の事実を隠蔽・排除するためであったことを想起しよう。「律法学者やファリサイ派の人々は激しい敵意を抱き、いろいろの問題でイエスに質問を浴びせ始め、何かと言葉じりをとらえようとねらっていた」(ルカ 11:50) 結果としてイエスは告訴され、かなり強引な手法で十字架刑に追いやられた。「人々は理由もなく」イエスを「憎み」(ヨハネ 15:25 ＝詩編 35:19)、まさに無実のままにその暴力の犠牲者となった。この暴力を仔細に描き出すことによって、かえって福音書は文化の定礎となった供犠のメカニズムを暴き出す者を、共同体が理不尽に圧殺した事実を告発することになっていると言うべきなのである。

第 6 章　人間の欲望とキリスト教

(2) イエスの受難の非供犠的性格

ジラールは福音書が供犠を話題にする際に、きまって供犠のメカニズムを告発し、それを無効化していることを指摘する。イエスが預言者ホセアの言葉、「わたしが求めているのは憐れみであって、いけにえではない」(傍点引用者)の意味を学べと勧めている箇所(マタイ 9:13; ホセア 6:6 を参照)がそのような事例である。彼は断定的に「贖罪とか身代わりとかの意味においても、それを暗示するものはない」(『世の初めから隠されていること』)とさえ語る。受難を供犠を告発するものとしてではなく、供犠と捉え、その基礎に宗教を構築することは、まったくの福音書の意図を誤解したものである[19]。今日までのキリスト教は、イエスの試みとは逆説的に、供犠の語りとして、神話として福音書を理解し、彼が死を賭して告発したはずの「供犠的な文化形態」を作り出したのだと、ジラールは批判する。

ジラールは、そのような供犠的なキリスト教の犯罪を、ヨーロッパの歴史にみいだす(『身代わりの山羊』)。中世ヨーロッパで黒死病と恐れられたペストが大流行したとき、キリスト教徒でない(つまりキリスト教世界の周縁者である)ユダヤ人が川に毒を投げ込んだためであると虐殺され。また多数の女性が魔女として告発され殺された、これには性的な欲望が無意識にかかわっていた。そしてしばしば身体に障がいがあるものが、やはり受難の対象に選ばれた。おそらくほぼ例外なく、これら犠牲者は無実の罪で告発され、共同体の暴力の捌け口にされた。罪は彼らにあったのでない、異教徒であるとか、少数の弱者であるとか、障害があるとかの理由で、共同体が「普通でない」と認定した刻印のために、まったく恣意的に選び出されたにすぎない。キリスト教共同体内の平和のために、犠牲者たちは暴力を行使した人々の欲望、他者への敵意と暴力が反映・投射された身代わりの対象(スケープゴート)とされた。これが供犠的キリスト教の犯罪であり、真実である。

注 19:この観点から、ヘブライ人への手紙は、誤ってキリスト教にのこされた「供犠的性格」を示すものとして批判される。たとえば、「雄山羊と若い雄牛の血によらないで、御自身の血によって、ただ一度聖所に入って永遠の贖いを成し遂げられたのです」(9:12、傍点引用者)ほかを参照。

しかし、ジラールによるならば、本来、キリスト教は、復讐や報復の概念を拒否し、イエスが提示する神はどのような暴力とも無縁であったと主張する。そのような傾向はとくにヨハネ文書と総称されるテクストで著しいが、ひろく各福音書がこの事実を証明する。「愛敵の教え」（マタイ5:43）はまさに、そのような「非暴力」的な神を指し示す。イエスの神は、障害をもつもの、病人、罪のない者の犠牲を好まないとして、人口に膾炙した表現であるが、「愛の神」であるとジラールは主張するのである。イエスが死んだのは、その非暴力的神に全面的に信従することによって、暴力を超越し暴力に挑戦したからであった。その死は、しかしながら、供犠のメカニズムから解放され、これを超越する可能性を人々に拓く。供犠の血を要求する暴力的な神にかわって、愛を要求する非暴力の神への転換をイエスは身をもって啓示した。それゆえ、イエスの教えである限りのキリスト教は、非供犠的宗教、いやジラールによれば唯一の非供犠的宗教なのである。

6　むすび

「いったい宗教は暴力的であるのか」という最初の問いに戻ろう。ジラールにしたがえば、けだしそれは真実である。さらに正確に言えば、宗教こそ暴力である。より大きな破滅的な暴力を回避するための制御さえ暴力装置が宗教であり、文化である。そのような共同体維持のメカニズムである限りで、キリスト教もその例にもれることはない。実際に、キリスト教の歴史がそのことを証明している。近代以降の世界では、このような恣意的な供犠的暴力の解放は規制されてきたが、ときに社会が不安におちいったとき、たとえば災害時や戦時などには同様の現象がみられる（ナチス・ドイツのユダヤ人迫害などを想起されたい）。それは宗教的な様相をおびて必ずしも顕在化しないにしても、供犠のメ

カニズムは生き延びていると言うべきかもしれない。

　もちろん、ジラールの所論がそのままうけいれるに値するほど、説得力のある理論であるかは、いまだ十分議論する必要があるだろう。第一に、文化の基礎としての暴力理論は、人類文化すべてを包括的に解明しようとするグランドセオリーである。それを、ジラールが検討した人類学的な証拠だけで正しいと断言するには、当然、躊躇がある。その点では、キリスト教だけが、非供犠的な宗教であるとの主張も同じであろう。いくら博覧強記のジラールであっても、すべての人類学的調査を、また世界の諸宗教にかんする知見を渉猟して、結論づけたとは考えられないからである。第二に、聖書についてのジラールの解釈は、必ずしも正統的な立場にあるとは言いがたい。その意味で聖書テキストから丁寧な検証がいまだのこされている。したがって、現段階では、宗教に関するジラールの理論は、ひとつの興味深い仮説にとどまると言うべきであろう。

　しかし、だからと言って、この暴力理論の帰結は傾聴に値しないというのであろうか。「宗教（または文化）とは暴力にほかならない」という結論は、きわめてむずかしい問題を私たちに突きつける。それは果たして、自分たちの宗教・文化が暴力として機能し、憎悪を生み出し人を傷つけているかもしれない、という自省を迫るからである。ジラールの結論が、十全に検証されていないという理由で、この問いに眼を背けたままでいることは、やはり怠慢のそしりを免れないのではないか。ジラールの命題は、私たち一人ひとりを深刻な自己検証へといざなうのである。

【参考文献】

【ジラールの著作】
古田幸男訳『欲望の現象学』(原題『ロマン主義の虚偽と小説の真実』、1961年)、1970年。
古田幸男訳『暴力と聖なるもの』(1972年)、1982年。
小池健男訳『世の初めから隠されていること』(1978年)、1985年。
浅野敏夫訳『ミメーシスの文学と人類学』(1978年)、1985年。
織田年和・富永茂樹訳『身代わりの山羊』(1982年)、1985年。
　※(　)内は原著の出版年、これらのジラールの翻訳書はすべて法政大学出版局から刊行されている。

【その他の文献】(本文で言及しなかった文献もふくむ)
P・デュムシェル／J・-P・デュピュイ(1990)『物の地獄──ルネ・ジラールと経済の論理』織田年和・富永茂樹訳、法政大学出版局。
M・ドゥギー／J・-P・デュピュイ(1986)『ジラールと悪の問題』古田幸男・秋枝茂夫・小池健男訳、法政大学出版局。
エミール・デュルケム(1975)『宗教生活の原初形態(上・下)』古野清人訳、岩波文庫。
今村仁司(1982)『暴力のオントロギー』勁草書房。
中野実(1998)『宗教と政治』(シリーズ21世紀の政治学)、新評論。
西永良成(2002)『〈個人〉の行方──ルネ・ジラールと現代社会』大修館書店。
G・フロイト(1969)「トーテムとタブー」『フロイト著作集3』高橋義孝他訳、人文書院、148-281頁。
───(1969)「ある幻想の未来」『フロイト著作集3』高橋義孝他訳、人文書院、362-405頁。
───(1970)「集団心理と自我の分析」『フロイト著作集6』井村恒三・小此木啓吾ほか訳、人文書院、195-253頁。
A・J・マッケナ(1997)『暴力と差異──ジラール、デリダ、脱構築』夏目博明訳、法政大学出版会。
妙木浩之(2002)『エディプス・コンプレックス論争』講談社メチエ。
作田啓一(1981)『個人主義の運命』岩波新書。
佐藤泉(2002)『漱石──片付かない〈近代〉』NHKライブラリー。
末木文美士ほか編・著(2004)『岩波講座宗教8　暴力』岩波書店。
アンソニー・ストー(1994)『フロイト』鈴木晶訳、講談社メチエ。
竹沢尚一郎(2002)「供犠」『事典　哲学の木』講談社、282-283頁。

第7章　暴力の根底にある思い
── 優生思想という「暴力」

舟木　譲

1　「暴力」の多様性

（1）現代における「暴力」

　毎日の生活で、我々は、数多くの「暴力」に出会う。特に連日途切れることなく新聞紙上をにぎわす様々な形での「暴力」には憤りを通り越して、絶望すら覚えるのではないであろうか。また昨今、「暴力」の形態も多様化し、人類の歴史の中で連続して続いている戦争のような古典的な「暴力」から今日の日本において重要な問題となっている各種のハラスメントや偏差値偏重に起因するこどもの人権を無視した親子関係の問題などその範囲は多岐にわたっている。こうした「暴力」の多様化を簡単にまとめると、以下のようにまとめることが可能である。

①国家的暴力：戦争、紛争、テロ、死刑制度、従軍慰安婦、沖縄の基地問題等々
②政治的暴力：福祉切り捨て、特定企業優遇、民意（特に社会的弱者）を無視した立法等々
③差別という暴力：出生や出生地による差別、性差別、「障害者」差別、外国人差別等々
④習慣や伝統、宗教による暴力：女人禁制地の存在、女性器切除の強要、纏足(てんそく)等々
⑤マスコミによる暴力：プライバシー軽視、掲載記事の責任所在の曖昧さ、世の木鐸をかたりながらの不平等な記事取り扱い等々

⑥社会関係による暴力：パワーハラスメント、アカデミックハラスメント、セクシャルハラスメント、就職・昇進の不平等等々
　⑦個人関係の中での暴力：ドメスティックヴァイオレンス（近親者間暴力）、偏差値偏重・学歴偏重の養育、体罰、虐待、いじめ等々

　以上のような「暴力」の有り様を目の当たりにするとき、国家的な施策に端を発する大きな枠組みをもった「暴力」、各種差別に見られるような、歴史的な流れにの中で蓄積されてきた「暴力」、さらには、日常の人間関係の中で日々反復される「暴力」といったような限られた小さな枠組みの中での「暴力」等々、多種多様な暴力が存在していることが明らかとなってくる。また、上記のように明白な「暴力」だけではなく、文化・習慣の違いによって同じ行いでも、それが「暴力」と見なされたり見なされなかったりするという事柄も存在する。一例をあげれば、乳児や幼児の就寝時に親が寝室を共にするかしないかという違いがある。ある人は、こどもの自立心を育てるために、乳児期より寝室に一人で寝かせるが、それに対して、乳幼児と寝室を共にする習慣のある人々からは、幼児虐待というレッテルがはられるというのである。このように生活習慣や文化の違いから「暴力」と見なしうるか否かの判別が困難な事柄も存在していることが想像できよう。それ故に、「暴力」という問題を取り扱うとき、その多様性からその本質をとらえることは、極めて困難な作業となる。ただ、これまでも暴力を巡る定義が数々なされてきており、次にその代表的なものをいくつかあげてみよう。

(2)「暴力」定義への試み

　まず、フランスの社会思想家 G・ソレル[1] はその著書『暴力論』の中で暴力を 2 種類に区別する。ソレルは、人間

注 1：Georges Sorel（1847-1922） G・ソレル著 木下半治訳『暴力論』上・下　岩波文庫　1965 年／1966 年。

の力をヴィオランス（violence）とフォレス（force）の2種類に分け、前者を肯定的な力とし、後者を俗に言う「暴力」と定義したのであった。具体的に言うとヴィオランスは、「生命の飛躍、道徳的自己犠牲、人間と社会を蘇生させる想像力、職人や芸術家の美的生産活動」といった「人間の生を昂揚させる激烈な力」と定義されている。一方、フォレスは、「強制的物理力」であって人間の自由や意志を阻害するような力を指し、社会で否定的な力しか持たない「暴力」というように規定されるのである。

次に、このソレルの考え方に批判的に向き合い、独自の考え方を示したのが、ドイツのW・ベンヤミン[2]であった。彼も、力を神話的（mythtische）暴力と神的（göttliche）暴力の二つに分けて考えた。前者の暴力は、「物理的で犠牲を要求する破壊力」であり、後者は、そうした「人間の自由や自立を阻害するような力を排除する力」というように定義されている。また、ベンヤミンはその著書『暴力批判論』の中で、国家の権力について、極めて示唆に富む見解を示している。彼によると、国家権力というものは、「物理的暴力装置と、神話的イデオロギーを備えた権力」というように定義されているのであるが、この定義は、第2次世界大戦中の日本における、国家神道と天皇制、そして、軍部の関係とそれによる国政を端的に表現しており象徴的である。また、他の章で詳細される現代アメリカの政治情勢[3]をも見事に分析していることが分かる。

以上のように今や古典となった両者の「暴力」論は、現代の「暴力」の本質を探る上でも示唆に富むものと言いうる。しかし、現代の「暴力」は、当時に比べて大きく変化していることも否めない。その変容の特徴は下記のようにまとめられるであろう。

①暴力装置の巨大化：核兵器、生物兵器、細菌兵器等々
②暴力の背後にある条件の複雑さ：社会体制、経済体

注2：Walter Benjamin（1892-1940）W・ベンヤミン著　野村修編訳『暴力批判論』岩波文庫　1994年。

注3：詳細は、関西学院大学キリスト教と文化研究センター編『アメリカの戦争と宗教』新教出版社、2004年参照。

制の変化と多様性
　③国境を越えることの容易さ：各交通機関、通信手段の劇的な進歩による「暴力」の無制限な拡散と拡大
　④痛みの個人差：南北問題に象徴される経済格差と地域による「痛み」の感じ方の温度差
　　　（例、「貧しさ」「豊かさ」の感じ方の違い等々）

　こうした、劇的な社会と人間関係の変化の中で、新たな暴力の問題も生まれてきているのが現状であり、これに答える新たな「暴力論」の構築が現代における火急の課題であるとも言えよう。以下では、現代における特に社会に対する不適応な人間の根に存在し共通する問題を探求しようとした例をあげ、そこから「暴力」の蔓延する社会を理解する糸口とする。

2　現代における新たな「暴力」理解の例

　日本におけるこどもに関する諸問題に取り組んでいる一人に芹沢俊介氏がいる。彼はその著『現代〈こども〉暴力論』の中で、イノセンス（innocence）論という興味深い論を展開している。その考え方は、昨今のこどもが引き起こす様々な問題行動の底には共通の根が存在しているというものである。その共通の根を、彼は「イノセンスの書き換え失敗」というように表現している。

　ここで言われる「イノセンスの書き換え失敗」というのは、我々の誰一人として、自らの責任や決断でこの世に生を受けたのではないのであって、そう言う意味では誰もが、自らの命や人生に対する責任を有していない「イノセンス」、すなわち無垢な状態だという考え方である。そして、自ら選択し決断した訳でもない人生を、誰しもが、ある意味理不尽に背負わされて生きているのが現実であるということ

になる。ただ、多くの者は、成長の過程で、この理不尽さを乗り換え、新たに自らの人生やいのちを受け取りなおして、すなわちイノセンスな状態から、自らが自分の人生に責任を負って歩み始める。

ところが、その人を取り巻く社会環境の不備や、親子関係、友達関係、といった様々な要因によって、「イノセンスの書き換え」がうまくいかなかったこどもは、「イノセンス」なはずの自分に襲いかかる、しつけや、勉強、その他社会的な様々な要求といった理不尽な事柄に対して、大きな不満と抵抗を感じ、その結果様々な問題行動に走ることになる、というのが芹沢氏の見解である。ここには、こどもの「暴力」という、近年になって急速に社会問題化して来たものの根にあるものをかいま見ることが出来よう。

同じように人間は、その生育過程に何らかの障害があって問題行動に陥るという考え方をしている中に、アメリカの精神分析学者のE・エリクソン[4]がいる。彼は、有名なライフ・サイクルという考え方を提唱し、我々人間が成長段階でそれぞれ獲得していかなければならない課題があり、その課題を獲得できないで次の段階に移るときに、様々な問題がその個人に起こるというように考えている。そして、彼は、人間の成長の最終段階とした成人期の課題として「親密さ（intimacy）の獲得」をあげている。これは、「自らが何かを失うのではないかというおそれなしに、自らのアイデンティティーと他者のアイデンティティーとを融合する」という能力の獲得である。そして、この課題を獲得したとき、人は、自らを主張することなく埋没させて他人に迎合するような「同調」的な生き方でも、また、他者を自らの枠の中に押し込んで自らの考え方を絶対化するような傲慢な生き方でもない本当の大人としての「共同」の態度を身につけることが出来ると、彼は主張している。ここには、暴力的に自らの思いを達成しようとするのではない、現代でいう真の「共生」的な社会実現に必要なものが示

注4：Erik Homburger Erikson（1902-1994）ライフ・サイクル等の考え方は、E・H・エリクソン著　仁科弥生訳『幼児期と社会』1／2 みすず書房、1977年／1980年参照。

唆されていると言えよう。

　ここまでで明らかになったように、現代は、暴力装置の大いなる変容と社会における人間関係の大いなる変容によって多種多様にして多くの「暴力」が存在して猛威を振るっているのが現実である。ここからは、この現実の背後に共通して存在していると思われる、人間が共通に抱いている一つの「思い」について言及し、そこから「暴力」の本質の解明とその克服への可能性を探っていきたいと思う。

3　「暴力」の背後に存在するもの

(1) 心の底に存在する思い
　最初に、次の言葉を聞いてどのような印象あるいは感想を抱くであろうか。

> 　我々は生命を殺戮するものではない。ただ、人生に何の役にも立たない遺伝性疾患者が今後生まれ出づることを阻止するだけである。価値なき生命がたんまりと栄養分を頂戴してすくすくと成長するは愚か、今後の増殖までも保証されることを怪しまぬ者こそ、自然の法則に背くものではないか。人力の及ばぬ自由な大自然界にあっては、自然の儘の健全な淘汰が行われ、病的な生命が跋扈する余地はないであろう[5]。
> 　　　　　　（ルドルフ・フレリスク著『ナチスの優性政策』より）

　この文章は、後述するドイツのナチス政権下で1933年に公布された「危険性常習犯罪者法」と呼ばれる法律を正当化するために書かれたものである。この法律は、「性犯罪者」に対する「断種」すなわち強制的な不妊手術を認めるものである。当時「性犯罪者」は、何らかの遺伝

注5：詳細は、ルドルフ・フレリスク著　橋本文夫訳『ナチスの優生政策』理想社、1942年参照。なお、不適切な表現が含まれているが、当時の時代状況と訳者の訳を尊重しあえて翻訳原文のまま掲載した。

的欠陥があるという誤った考え方から、そういう犯罪を犯した者がさらに子孫を残して将来の社会に不利益を与えないための予防措置として、このような法律が公布されたのであった。ただ、こうした考え方は、人権を無視した政策であり、また、人道的にあってはならない誤った考え方で到底許すことの出来ないものだ、というように全ての人が言い切れるであろうか。

　例えば、現代のアメリカにおいては、「メーガン法」により未成年への性的犯罪を行った者は刑期を終えて社会に復帰するときに、どこに居を構えるかが情報公開されいわば、衆人環視のもとに置かれる。これは、甚だしい人権侵害というように思われるが、元犯罪者から近隣住民が自らの安全を守るための権利としてこのことが認められているのである。ここには、だれもが、安全で平和に暮らしたいという願いと、そうした、安楽な生活を脅かす者と共に生きることを拒否し、さらには出来ることならそうした人間の存在を否定したいという気持ちが隠されているといえよう。

　そして、まさにこのように、私たちが意識的に克服しないと必ず抱く思い、「自らの命を脅かしたり、人生を阻害したりするような命は存在しない方がまし」という気持ちを刺激し、「存在する価値のない命」がこの世にあるという思想が「優生思想」という考え方に繋がっていく。そうした考え方は、この世に存在している命（それは人間以外の命も含めて）に軽重をつけ、「軽い」と判断された命はぞんざいに扱って良し、とする思いであり、こうした思いを意識的に克服しない限り、「暴力」はこの世界から無くならないと言えよう。以下で、この誰もがどこかで抱いている思いを刺激し、それを正当化しようとした「優生思想」について述べていくこととする。

(2)「優生思想」の誕生

　イギリスのナチュラリスト、C・ダーウィン[6]が1859年

注6：Charles Robert Darwin
（1809-1882）

注7:ただし「進化(evolution)」という概念は、ダーウィンに先だって、1852年イギリスの哲学者ハーバード・スペンサー（1820-1903）が発表した論攷「発達の仮説」においてすでに使用されている。彼は、「進化」を「同質的状態から異質的状態への移行」としている。

注8：Francis Galton
(1822-1911)

『種の起源』を刊行したことにより、生物の発生とその進化のメカニズムを説き明かそうとしたいわゆる「進化論」[7]と呼ばれる仮説が世に出ることとなる。しかしながらダーウィンの仮説は、実験や実証の不可能な仮説であり、また、生物の進化というキリスト教の有する創造神話とは異なる生物の誕生説であったため、キリスト教界からは大きな非難を受けることとなった。そのため彼の業績は、生物学の仮説としては、大きな評価を受けることはなかった。しかし、その仮説の中で用いられた「生存競争と自然淘汰」や「優勝劣敗と適者生存」といった用語は後に皮相な解釈のもと「優生思想」の大切なキーワードとして一人歩きすることとなる。そのきっかけとなったのが、イギリスの遺伝学者であったF・ゴルトン[8]の働きである。彼は、1883年に『遺伝的天才』を刊行するが、その中でダーウィンの進化論をもとに「優生学」を提唱した。これによって社会の進歩を進化論的な考え方の中で考察していこうとする「社会ダーウィニズム」が誕生するのである。

(3)「優生思想の」発展

このような経緯で19世紀後半に誕生した「優生学」は、その後、様々な形で発展することになる。その中でも、国家の政策としてこの考え方が公に利用されるのは、第一次世界大戦で大敗を喫し、多額の債務を抱え疲弊し、また1929年の世界経済恐慌で深刻な打撃を受けたドイツにおいてであった。ドイツは国民的悲願である威信再興をかけて、アドルフ・ヒトラー率いる政党ナチスを1932年の投票で第1党とし、翌年ヒトラーを首相として選出することとなる。彼は、一党独裁の実現後、1934年に総統として最高主権者の地位についた。そして、彼は、アーリア系民族の優位性を頑なに信じ、優秀なドイツ国民の育成のためにナチス・ドイツ政権の樹立と共に「優生政策（民族衛生政策）」を開始したのであった。その一連の政策を

簡単にまとめると次のようになる。

1933年7月14日「遺伝性疾患子孫防止法」（断種法）公布：「先天的精神薄弱・人格分裂・周期性躁鬱病・遺伝性舞踏病・遺伝性盲・聾・身体的奇形、甚だしきアルコール中毒患者」[9]への強制的断種

1933年11月24日「危険性常習犯罪者法」公布：「性犯罪者」に対する断種

1935年9月15日「ドイツ国民法」制定：ドイツ民族とユダヤ民族の結婚禁止

1936年10月18日「結婚保健法」公布：伝染性疾患者・遺伝性疾患者・精神「障害」者・禁治産者の結婚禁止

1939年「断種法」対象者への「安楽死」開始

注9：不適切な表現が見られるが、当時の法律の時代的表現としてあえてそのまま掲載した。

以上のことから、ドイツ国内から合法的に抹殺される人々を定める法律が多数の国民の同意のもとに制定されていった経緯が明らかとなる。そして、この一連の法的処理の背後にあったのが「優生思想」に他ならないのである。ここには、ドイツの将来に対して「悪影響」を及ぼすと考えられた「劣性の遺伝子を有している」と判断された人々のいのちが、いとも簡単に抹殺されていったという事実がはっきりと示されている。

また、こうしたものの考え方は、一部の人々の間にのみ存在するような特別な考え方ではなく、ごく自然に我々ももっている「思い」だと言えよう。すなわち、「私の足を引っ張ると思われような人々、私に不利益をもたらすような人々、私の安全や命を脅かすような人々」とは出来る限り関わりたくないし、出来ればそうした人はいない方が良いという思いである。それ故当時のドイツにおいてもごく一般的な人々がヒトラーの政策を指示し、今から冷静に考

第7章　暴力の根底にある思い　141

えると虐殺でしかない法案を受け入れていったのである。

（4）日本における優生思想

続いて、日本における「優生思想」の受容[10]について概観してみる。

日本に「優生思想」が入ってくるのは、19世紀後半、明治維新の時期である。欧米列国との折衝で日本の変革の必要性を痛感した日本政府は、社会ダーウィニズムにと共に紹介された「優生思想」に大きな影響を受けることとなる。そして、体格で日本人にはるかにまさる欧米人種に対抗するための「人種改良論」が主に知識人の関心を集めるのである。さらに、第1次世界大戦期に入ると、戦後の国家総力戦体制に備えた、日本民族の質的向上が具体的に論じられることとなり、日本の国に「負の子孫」を残す可能性のある人々に対する「断種法」の是非を巡る議論が活発となる。そして、日本医師会・日本赤十字社も「優生思想」の普及に乗り出し、日本政府も「優生思想」の必要性を認識するにいたるのである。

この時期、このような機運の中で、1915年には、ハンセン病患者に対する「断種」手術が開始される。この手術は、1907年に発布された「癩予防ニ関する件」によって隔離されていた患者間の結婚希望に際して、結婚の条件にしたと言われているが、実際は、半強制的な「断種」手術であったのが現状である。

このように、日本においても国家の発展という目的のために「優生思想」が提唱され、「優生」でないとされた人々の人権が踏みにじられてきた歴史があったことを忘れてはならない。

注10：日本における「優生思想」受容の歴史とその影響に関しては、藤野豊著『日本ファシズムと優生思想』かもがわ出版、1998年に詳細な論攷が多数納められている。

4 現代も生き続ける「優生思想」

　ここまで、過去に人間の尊厳と命を奪う「暴力」を肯定するための思想として利用されてきた「優生思想」について概観してきたが、こうした思想を、現代の我々は克服したのであろうか。その答えは否である。一例をあげると、日本においても、第2次世界大戦後に「優生保護法」という名称の法律が制定され堕胎手術が合法的に執行される理由として、1996年まで次のような文言が残されていた。

　　「母体の生命健康を保護し、且つ不良な子孫の出生を防ぎ、以て文化的国家建設に寄与すること。」

　そして、現在はこの法律は「母体保護法」と名称が変わったが、母体の保護と人権を口実に合法的な堕胎がほぼ無制限に行われてきている事実に現在も変わりはないのである。

　さらに、医学の進歩、特に生命科学の進歩によって身近に新たな問題が起こっている。例えば、妊娠をした女性が受けることを勧められ、比較的簡単に受けられる出生前診断があげられる。妊娠初期の妊婦の羊水を採取して検査すればある種の先天的「障害」を事前に知ることが出来るという診断である。この検査の背後には、生まれてきて良い命と、好ましくない命があるというまさに「優生思想」そのものの考え方が存在していると言えよう。
　また、生殖医療の目覚ましい進歩によっても大きな問題が生じてきている。不妊治療の際に行われる体外授精では、複数の卵子に受精をさせた後、妊娠の可能性の高い卵子を選別して処置を行うが、質の良い受精卵とそうでない受精卵ということで受精卵の段階ですでに「優生」と思

われる命の選別が行われているのが現状である。

さらに言うならば、途絶えることのない紛争と戦争の根底には、宗教や文化の違いにより、己の「優生」さを固持する思いが常に潜んでおり、殺すに足る理由を相手に見つけての殺戮が絶え間なく繰り返されていると言えよう[11]。

注11：2002年1月に行われたブッシュ大統領の一般教書演説の中で「悪（evil）の枢軸国」としてイラク、イラン、北朝鮮を名指しているが、存在することがゆるされない国と規定することで、一連の戦争が正当化されていると言えよう。

5 むすび――「優生思想」からの解放への努力

以上、見てきたように、「優生思想」は誰の心の中にも存在するごく普通の感情が元になっていると言いうる。そして、本来は克服し、乗り越えなければならないそうした思いを逆に肯定し、「正当化された暴力」を再生産し続けるものが「優生思想」であったという事が、明らかになった。そこで、最後にそうしたあらがいがたい思いからの解放への努力について言及する事とするが、「暴力」の克服に関しては、別の章で取り扱われるので、ここでは特に、キリスト教の教会における、生命倫理からの1つのアプローチの紹介にとどめておく。

注12：World Council of Churches 1948年オランダのアムステルダムで結成されたキリスト教の教派を越えた協力と活動を目的にする組織。

WCC（世界教会協議会）[12]において1973年「遺伝学と生命の質」に関する国際会議が行われた。そこでは、「①国際公共政策形成へ向けて②専門家による学際的取り組み③多元的文化・価値観を視野に入れて」といった合意のもとで、現代のいのちに関する問題に取り組むべきとの話し合いがなされた。さらに1979年には、「①教会が『人間生命の尊厳』『新しい生命の誕生』に関する倫理的決断に参考となる基準を教会員に示すことが期待される②遺伝的障害への理解③遺伝との関わりの中で出生前診断が法的強制力を有する事への拒否④出生前診断結果を母親が知る権利の保障」といったことに関して合意がなされ、激変する命を取り巻く環境の中で、現代の複雑な世界の中で、キリスト教が果たすべき役割について言及がなされ

ている。

　最初に述べたように、今もなお、社会には多くの「暴力」が存在している。しかしその背後には、どこかでいのちに軽重をつけ、「存在する価値のないいのち」があるかのような思い違いが蔓延しているといえよう。ここまで見てきたように「優生思想」という考え方が歴史の中で犯し、また、現在も大きな問題を再生産し続けている現実に誠実に向き合い、自らの内なる「優生思想」をまず克服していくことが、あらゆる「暴力」を正当化することなく、真の共生社会を築き上げる第一歩になるのではないであろうか。

【参考文献】

関西学院大学キリスト教と文化研究センター編（2004）『民と神と神々と』関西学院大学出版会。
神田健次編（1999）『講座現代キリスト教倫理1　生と死』日本基督教団出版局。
芹沢俊介（1997）『現代〈子ども〉暴力論　増補版』春秋社。
ダニエル・C・デネット（2000）『ダーウィンの危険な思想——生命の意味と進化』山口泰司監訳、青土社。
藤野豊（1998）『日本ファシズムと優生思想』かもがわ出版。
松井やより（2000）『グローバル化と女性への暴力』インパクト出版会。

第8章　暴力の克服とキリスト教

中道基夫

1　はじめに

　暴力について考えるとき、配偶者から受けるドメスティック・バイオレンス、児童虐待、また学校などで行われる子ども同士の暴力、戦争や武力紛争、さらには貧困や差別、抑圧、経済的格差などの社会的な問題などについても複合的に考えなければならない。また、従来、戦争が平和の対極として認識されていたが、今日では上記のような複合的な理解に基づいて、暴力の問題が取り上げられる。暴力の克服といっても、単に戦争反対だけを主張するのではなく、構造的にある社会の悪循環や連鎖的に引き起こされる暴力の構造の克服も視野に入れなければならない。さらに、現代のグローバル化の時代の中で、暴力は一国家や一地域、また一つのグループだけの問題ではなく、一つの現象が拡散し、連鎖構造が広まり、複雑な様相を呈するに至っている。

　このような暴力の問題を克服し、無暴力の文化を築いていくために、キリスト教はどのような課題を負い、またどのような可能性を持っているのだろうか。

2　暴力とキリスト教

(1) 暴力を肯定する聖書とキリスト教の歴史

　暴力とキリスト教は無関係であるというわけではなく、むしろその暴力の元凶がキリスト教にあると言える要素や、

またキリスト教自身が暴力を生み出してきた歴史を否定することは出来ない。

聖書の中には、「あなたたちの神、主が共に進み、敵と戦って勝利を賜るからである」（申命記 20:4）というような神が戦争を導き、戦争を肯定するような言葉を数多く見いだすことができる。ヨエル書の「お前たちの鋤を剣に、鎌を槍に打ち直せ」（ヨエル書 4:10）というスローガンは、人々に戦争の準備を促すものである。文脈を考慮せずに読むならば、ルカ福音書には「剣のないものは、服を売ってそれを買いなさい」（ルカ 22：36）というイエスの言葉さえ見いだすことができる。

これらの言葉は、その歴史的・社会的背景はどうであれ、戦争を容認もしくは推奨し、神の業である聖戦[1]の存在を証明し、そのための武装を促すものである。また、教会の歴史の中にも、神の名によって行われた戦争や殺戮、侵略、植民地支配の事実を見ることが出来る。

(2) 暴力を否定する聖書とキリスト教の歴史

聖書の中には上記のように暴力を肯定し、戦争を促す言葉が見られる一方、暴力を否定し、積極的に平和を実現しようとする言及も見られる。上記のヨエル書の言葉に対して、ミカ書では「彼らは剣を打ち直して鋤とし、槍を打ち直して鎌とする。国は国に向かって剣を上げず、もはや戦うことを学ばない」（ミカ書 4：3）とまったく正反対の平和への呼びかけがなされている。そして、この言葉は現代も多くの平和運動を導く重要な言葉となっている。また、イエスの「だれかがあなたの右の頬を打つなら、左の頬をも向けなさい」（マタイ 5：39b）という要求も、暴力に対して暴力を用いて報復することの無意味さを示しているのではなく、いっさいの暴力を否定するラディカルな言葉であるといえる。教会の歴史の中でも、キリスト教が戦争に反対し、平和を求め、平和運動を積極的に推進して

注1：聖戦とは、神がその救済計画を果たすための戦いを意味する語である。聖書の中では、特に旧約聖書にこの思想が見られる。教会史上では、十字軍が神のための聖戦であると主張されるなど、戦争を正当化するために用いられた。近年は イスラム教 の用語であるジハードの訳語として用いられるこが多い。

きたことも否定できない。徹底した絶対平和主義の立場を堅持するメノナイト教会[2]は世界的な平和救済組織を作り、戦争や貧困に苦しむ人たちのために活動をしている。また、非暴力による人種差別撤廃運動を推進し、1964年にノーベル平和賞を受賞したマルティン・ルーサー・キング牧師、インドの貧困層の人々に奉仕し、1979年に受賞したマザー・テレサは世界的に有名である。

（3）キリスト教の課題

以上のように、キリスト教といっても、さまざまな側面を持っており、暴力の文化を助長し、神の名において正当化、もしくは聖化する動きもあれば、暴力を全く否定し、無暴力の文化を創り出そうする動きもある。つまり、聖書をどのような視点で読むのかということが重要である。その中から何を今日の社会に聖書のメッセージとして伝えるのかが教会の課題である。

その際、教会は自らの歴史の中にあった、また現在も有している暴力の文化を批判的に見いださなければならない[3]。また、暴力や平和についての議論を通して、聖書が読み解かれていくのではなく、暴力の克服のための実践的な取り組みを通して、聖書の中にある無暴力の文化が発見されていかなければならない。

3　構造的暴力と平和

（1）暴力の理解

平和とは何かという問いに対して、「戦争のない状況である」と定義することができる。また、目の前にある戦争状況、具体的な暴力の脅威を排除することによって平和がもたらされるともいえる。確かに、戦争と平和という二分法において、平和について考える時にこのようなことが言えるであろう。しかし、戦争がなくても必ずしも平和である

注2：オランダの再洗礼派のメノー・シモンズによって導かれたキリスト教の一派。平和主義の立場を堅持し、アメリカにおいて良心的兵役拒否の制度を勝ち取り、第2次世界大戦の際には、約12,000名の信者が兵役を拒否し、民間公共奉仕事業に携わった。

注3：日本基督教団は、第2次世界大戦下において教会が戦争に協力し、アジア諸国民を苦しめることに加担したその罪責を明らかにし、「第二次大戦下における日本基督教団の責任についての告白」を1967年3月26日に当時の教団総会議長鈴木正久の名において公にしている。資料Ⅰ（161頁）を参照。

注 4：Johan Galtung (1930-)。1959年にオスロ国際平和研究所 (PRIO) を創設。ヨーロッパにおける平和研究を主導した。平和のための超国家的なネットワークの総括者で、超国家的手法の開発者でもある。スリランカ、アフガニスタン、北コーカサス、エクアドルなど世界で40ヶ所以上の紛争の仲介者として活躍している。

とは言えない。戦争と平和という二分法そのものを考え直さなければならないのではないだろうか。

一般的に、暴力というと意図的に相手を肉体的に無力化するか、肉体的なダメージを与えることが考えられるが、平和学者のヨハン・ガルトゥング[4]は暴力の概念をより広く定義し、人権差別、貧困、飢餓、疾病などの、行為の主体が存在せず、社会構造の中に組み込まれている暴力を「構造的・間接的暴力」として定義している。そして、従来、平和の対極として考えられていた戦争を「人的・直接的暴力」、その暴力の不在と低減を「消極的平和」と名付けた。人的・直接的暴力の実態は誰からも認知されやすく、またその痛みや被害を具体的に訴えることができるため関心が向けられてきた。一方、構造的暴力は感知されがたく、空気のように自然なものとして受け取られがちである。もちろんこの両方の暴力は独立したものではなく、有機的に結びつき、互いに影響を与え合うものである。

ガルトゥングは、上記のような暴力の定義に基づいて、戦争と平和という二分法を用いず、「平和とは暴力の不在を意味する」と定義した。しかし、その暴力の不在とは、単に自分の生活環境の中で戦争や紛争が行われていないことだけではなく、構造的暴力の排除をも含むものである。彼は、直接的暴力と構造的暴力に共通する概念として、暴力を「ある人に対して影響力が行使された結果、彼が現実に肉体的、精神的に実現しえたものが、彼の持つ潜在的実現可能性を下まわった場合、そこに暴力が存在する」と定義している。つまり、ある人が病気で亡くなった場合、それは暴力であるとはいえないが、もしその人間が社会的な理由（差別、貧困など）によって現在備わっている医療的救済手段にあずかれなかった場合、それを暴力と見なすことができるというのである。

さらに、ガルトゥングは、構造的暴力を支え正当化している文化の存在を指摘し、それを「文化的暴力（cultural

violence)」と呼んでいる。この「文化的暴力」は、長い伝統の中に受け継がれ、生活の中に深く組み込まれているものであり、慣習化し、暴力を被っていることを意識させないものである。

　このように、暴力の構造が明確に示されたことによって、現在の平和学は大きく発展した。

(2) グローバル化における暴力

　現代において構造的暴力の問題を考える際に、世界のグローバル化は看過できない。冷戦構造が終わり、グローバル化が進み、もはや国境というものが肯定的にも、否定的にも意味をなさないものになりつつある。世界が複雑になるに従って、暴力そのものの実態が分かりにくくなっている。かつては明確に認識することの出来た南北間の格差にしても、市場の自由競争化や人口の流入や流出に伴って、南の中にも裕福な社会層が生まれたり、また北の諸国の中にも貧困層が急増したりしている。複雑なグローバル化社会の中で、何が暴力であるかということを認知することが難しくなった。さらに、メディアの発達により、そこで報道されるものにのみ目が奪われがちになってしまうことも問題である。

　複雑なグローバル化社会の中で、何が暴力であるかということを規定することは困難である。武者小路公秀が主張するように構造的暴力をもたらせている側が暴力の概念を普遍的に定義することは出来ない。何が暴力かということは、社会的に無力で暴力の受け手の個人または人間集団の側から捉えることの出来るものである[5]。つまり、暴力は構造的暴力の中におかれている当事者が不安全ないしは不安に感じることを実存的に捉えるものでなければならない。暴力の概念を先に作って、それをグローバル化した社会の中に普遍的に押しつけてはならない。それぞれの文化の中で、暴力や不安全を感じ、その構造を再生産

注5：武者小路公秀「グローバル化時代における平和学の展望」、藤原修、岡本三夫編『いま平和とは何か』、法律文化社、2004年、13-41頁を参照。

第8章　暴力の克服とキリスト教　151

している制度や規範を無力化し、変革しようとするグループとの連帯によって、暴力の実態を知り、その克服に取り組んでいくことが必要である。

4　キリスト教における暴力の克服の取り組み

このような複合的な暴力理解、また暴力の複雑化の中で、WCC の「暴力の克服のための 10 年（Decade to Overcome Violence）」においては、どのような取り組みがなされようとしているのか。このプログラムに至るまでの経緯をたどり、その内容について述べる。

(1) WCC の設立と暴力の克服

1948 年に、アムステルダムで設立された WCC（World Council of Churches、世界教会協議会）[6] は、単に一つの宗教の世界的組織の結成にとどまるものではなく、暴力の克服と強く関わるものであった。世界は、第 1 次世界大戦、そして第 2 次世界大戦を経験し、大きな分断を経験していた。特に、アウシュビッツの捕虜収容所などで行われたホロコースト、日本軍による南京大虐殺、また広島・長崎に落とされた原爆など、戦争を積極的に推し進めた国々があらゆる暴力を行使し、暴力の被害者を生み出した。第 2 次世界大戦後は、世界は二極化し、冷戦下の対立状況における核の威嚇を経験していた。WCC は、戦争の歴史を反省し、エキュメニカルな（教派を超えた）教会の一致と協力が戦争によって分断された世界に平和をもたらせるという希望を持って設立されたのである。

WCC の設立のために、アムステルダムに集まったキリスト者の誰もが、「戦争は神の意志によるものではない」ということに疑いもなく賛同したのであるが、現実は平和に関する一致した意見が見られたわけではなかった。当時は戦争に関して以下の 3 つの立場が主張されていた。

注 6：1948 年アムステルダムで設立。120 カ国、342 の教会もしくはキリスト教団体が所属する世界的な機構。これは全世界の教会を統合する合同運動でもなく、また一致や一様性を強要する超越的教会でもない。あくまで、加盟教会が相互に理解し合い、学びあう交わりであり、協力して世界の問題に取り組むことを目的としている。日本からは、日本キリスト教協議会、日本基督教団、日本聖公会、日本ハリストス正教会、在日大韓基督教会が属している。ローマ・カトリック教会は属していない。

①古典的平和主義　あらゆる戦争への参与を拒否し、武力による暴力に抗した平和のための働きを行う。
②古典的国家倫理　国家は神によって与えられた秩序として維持し、緊急の場合には外部に対しても武力を行使しなければならない。必要であれば、キリスト者も自分の国のために武器を手にする義務がある。
③正戦思想　大量虐殺などが行われている場合、「聖戦」の教えを徹底的に用い、非人道的状況を打破するべきである。

　1950年にはすでに朝鮮戦争が、1960年にはベトナム戦争が開始されている。冷戦下における核の脅威と軍事力による国家間の紛争抑止力に関する議論は、教会内の平和や戦争に反対する活動を停滞させた。徹底した戦争否定の考えを見ることは出来ず、WCCは上記の3つの基本的な立場を超えることは出来ないままであった。
　WCCは暴力の克服を目指して結成されたわけであるが、その当時はガルトゥングの分類によるならば、平和の対極として直接的暴力である戦争のみに注目し、構造的暴力の克服を平和の実現の課題としてとらえていなかった。しかし、そのような限界はあったが、WCC自身が分断された世界に一致と和解をもたらせることをその目的としていたため、平和を求めようとする力が新しい方向へと導いていくことになる。

(2) 正義・平和・被造物の保全

　これまで直接的暴力にのみ目が向けられ、その克服について議論がなされていたのに対して、構造的暴力の存在に目が向けられる契機となったのが、1990年ソウルで開催されたWCCの「正義・平和・被造物の保全（Justice, Peace and Integrity of Creation）」会議であった。これまで、WCCは正義と平和の相互関係に関しては繰り返し議論して来たが、この会議において被造物の保全、つまり環境

第8章　暴力の克服とキリスト教　153

問題が加えられ、この3つが切り離すことが出来ないものとして確認された。従来戦争の対極としてのみ考えられてきた平和が、地球資源の搾取、自然破壊、人種差別、核の問題、食糧危機などとの関連の中で考えられ、これらの社会的・政治的問題の解決なしに平和の実現はないという認識がなされるようになった。さらに、このような問題に取り組むことが信仰の問題であるとの認識が強められたことは注目すべき点である。

1) 連帯

この会議のメッセージ「正義・平和・被造世界の一体性に関する確認」の中で強調されているのは、平和の実現はキリスト者のみがなすべきものではなく、さまざまな境界を越えて、互いに協力しなければならないことが強調されている。

> わたしたちが分断されているということを克服しなければなりません。それらの中にあって、わたしたちは民衆の運動に対する教会のより広範な支援を促進させなければなりません。正義・平和・被造世界の一体化に向けては、他をおとしめるような競い合いなどあろうはずもありません。あるのはただ一つの地球規模の闘いのみです。

この文章の中で、平和を創り出すことを教会の中でのみ行うのではなく、現在活動中のさまざまな平和への活動と連帯し、協力することが促されている。世界の分断を憂い、教会内に一致と連帯をもたらすために設立されたWCCの理念が、教会の枠を超えて、さらに発展している。キリスト教会内部の一致や和解だけではなく、世界における一致や和解のために教会が仕えることが求められている。

その連帯は、教会の中にとどまるものではない。従来、宣教の対象もしくは敵対者として見なされてきた他宗教者との連帯をも視野に入れている。会議のメッセージの中は、

「生き生きとした諸宗教、またイデオロギーに生きる多くの人々は、わたしたちとこれらの関心事を分かちあい」と、共に平和を実現するための連帯を呼びかけている。

また、「貧しい者」、「搾取され、抑圧された人種、民族、カースト、先住民」、「女性」、「若い世代」、そして「被造世界」と連帯し、その人権、人間としての尊厳、自然環境を守るべきことが確認されている。

2) 構造的暴力の認識

メッセージの中に、「正義・平和・被造物の保全」のために参与すべき項目として、次の4点が挙げられている。

①正しい経済秩序と対外債務の束縛からの解放のために
②すべての国民と民衆の真の安全と非暴力の文化のために
③地球の大気という賜物を保持することと、被造世界の一体化と調和を保つことのできる文化を築き上げることのために
④人種差別とあらゆるレベルのあらゆる人々への差別を根絶することと、人種差別の罪を永続化させるような行動様式を除去することのために

これまでの戦争と平和という二分法が克服され、構造的な暴力に目が向けられ、その暴力の克服にこそ平和を実現する可能性があることが明確に表れている。「正義・平和・被造物の保全」の取り組みは、環境と経済の問題を構造的暴力として明確にとらえ、教会自身がいかなる暴力をも排除する希望を持ち、暴力を生み出す文化ではなく、暴力の克服のための一つの要因となる希望を示した。

(3) 教会が女性と連帯するエキュメニカルな10年（1988-1998）

「正義・平和・被造物の保全」プログラムの中で、社会の中で弱い立場にある人々が、暴力の被害者となっている事実が浮き彫りにされてきた。それと共に、どの社会に

おいても、またどの文化圏においても女性に対する暴力が存在していることが認識された。その実態と構造を明らかにし、女性の暴力からの解放を求めたのが、「教会が女性と連帯するエキュメニカルな 10 年（An Ecumenical Decade of Churches in Solidarity with Women）」であった。この女性との連帯のプログラムは、1988 年のキャンベラで開かれた第 7 回 WCC 総会で決議され、1988 年から 1998 年までの 10 年間にその取り組みがなされた。

　このプログラムにおいて、従来男性中心に平和や暴力についての議論がなされていたのに対して、あらゆる文化の中で、暴力を被る側にある女性の立場から暴力の定義がなされた。暴力が何であるかということよりも、実際に暴力を受けた側から、直接的暴力、構造的暴力さらに男性中心社会が形成している文化的暴力についての指摘がなされたわけである。

(4) 都市の中の平和

　次に、暴力の克服のための取り組みとして挙げられるのが、1997 年に始められた「都市の中の平和（Peace to the City）」という WCC のキャンペーンである。上述したように、戦争がない状況においても、必ずしも平和であるとはいえない状況がある。それは特に都市において顕著にその傾向が見られる。またグローバル化した社会においては、ひとつの都市の中に多種多様な民族が生活し、かつての南北間の格差を縮図的に都市の中に見ることが出来る。そこで、都市における暴力の問題を取り上げ、7 つの都市（ベルファスト／北アイルランド、ボストン／アメリカ、コロンボ／スリランカ、ダーバン／南アフリカ、キングストン／ジャマイカ、リオデジャネイロ／ブラジル、スバ／フィジー）において暴力構造の分析と暴力の克服のためのメカニズムの分析が試みられている。この分析に基づいて、キリスト教信仰から暴力の本当の原因究明とその克服への取り組みを展開していくことが始め

られた。

　それぞれの都市は、違う文化圏や社会状況にあるが、グローバル化時代の都市として共通点を持つことが明確になってきた。まず、暴力が絶えず新しい暴力を生み出すことによって、暴力のサイクルを維持しようとする、暴力の複合的自己保存性である。平和を実現するためには、この暴力の連鎖を断ち切る必要があり、いくつかの運動がそれぞれの都市で始められた。次に、平和の実現に取り組んでいるグループがお互いの存在や働きに気づき、互いに連絡を取るようになり、ネットワークが築かれていった。この小さな働きの中に、暴力の連鎖を断ち切ることが出来る「無暴力の文化」の広がりを見ることができる。それぞれの団体の境界線（イニシアティブへの執着、政党、文化、宗教）を越えて多様性を持つネットワークを築くことができるかどうかは、暴力の克服ための重要な要素であることが、このプロジェクトを通して明らかになった。

5　「暴力の克服のための10年」

　以上のようなプロセスを経て、キリスト教が取り組まなければならない課題として、無暴力と和解の問題、平和的な紛争解決、そしてグローバリゼーションの文脈の中での正しい平和への取り組みがクローズアップされた。1999年、ジンバブエのハラレで行われた第8回WCC総会は、「教会が女性と連帯するエキュメニカルな10年」に続く取り組みとして、2001年から2010年を「暴力の克服のためのエキュメニカルな10年」[7]と定め、教会は、暴力の傍観者であることや、それを嘆くことをやめ、教会の内部においても外部においても暴力の克服のために力を尽くすことを決議した。武者小路も指摘していることであるが、女性との連帯のプログラムを通して、暴力をその被害者の視点から捉え、暴力理解、また平和理解を問い直

注7：具体的な取り組みや詳細に関しては、WCCのホームページ http://www.overcomingviolence.org/ を参照。

そうとしている。

　そのため、「都市のための平和」のキャンペーンによって示された「平和は上から来るのではない。平和は社会の底辺から大きくなり、人間の創造性によってさらに広がっていく」という経験を分かち合うことが求められている。この取り組みは、有機的な新しい関係を作り、互いに学びあい、宗教を超えて志を持つ全ての人々と共に行動を起こして行くためのフォーラムや場所を提供することを目的としている。また、暴力について議論し、研究するだけではなく、世界中から実際に暴力を克服した経験を集約し、平和の文化の創出のための実質的な取り組みを目指す方向性が打ち出された。具体的には、ホームページ上で暴力の克服に関する出来事、それに取り組む個人やグループ、また資料などが集められている。WCCが理念や方策、またプログラムを提供するというよりも、実際の取り組みを通して推進させていこうとする動きが見られる。

6　おわりに

　「キリスト教は暴力を克服することが出来るのか」という問いに対しては、否定的な答えを出さざるを得ない。それは、キリスト教にはその可能性も力もないということではなく、「キリスト教が暴力を克服し、平和を実現する」という考えが間違っていると言わざるを得ないからである。確かにイエスが「平和を実現する人たちは、幸いである」（マタイ5：9）と言ったように、キリスト教は平和の実現をその使命として負っている。しかし、キリスト教が暴力とは何か、平和とは何かを規定し、その考えに基づいて平和を実現しようとすることは、キリスト教帝国主義に繋がるものとなり、紛争をもたらす原因になりかねない。

　キリスト教自らが暴力を規定し、それを克服しようとするのではなく、暴力に苦しむ人の声に耳を傾け、その人々

と連帯することが必要である。そこで、キリスト教は何が暴力なのかを学ばなければならない。それは、まさに聖書に「喜ぶ人と共に喜び、泣く人と共に泣きなさい」(ローマ12：15)と書かれていることである。そのためには、イエスが「あなたは、兄弟の目にあるおが屑は見えるのに、なぜ自分の目の中の丸太に気づかないのか」(マタイ7：3)と言っているように、キリスト教が、暴力に苦しむ人との出会いを通して、自分自身の内にある過去の、そして現存する暴力の文化を批判的に検証する必要がある。

　また、WCCの取り組みの中でも明らかになったように、今日のグローバル化した社会の中で平和を実現するためには、さまざまな境界をこえて暴力の克服・平和の実現に取り組んでいるグループとの協力が不可欠である。そして、世界の中に無暴力の文化のネットワークを築いていくことが必要である。もし、キリスト教に無暴力の文化の形成に対する貢献を見いだすとするならば、それは宣教の歴史によってもたらされた教会間の繋がりと連帯であろう。WCCに120ヵ国342の教会・団体が所属しているように、キリスト教は信仰に基づいた世界的なネットワークを持っている。そのネットワークを通じて、また、その国々の教会を一つの拠点として、教会の枠を超えて世界に無暴力の文化を創り出していくことが出来る。

　キリスト教は暴力を否定する。しかし、暴力を振るったものの断罪を目的にしているわけではない。キリスト教は、構造的暴力を含むあらゆる暴力によって、神より与えられたいのちの輝きを失った人々・自然の側に立ち、その人々や自然のいのちの回復という使命を担うものである。

【参考文献】

Margot Käßmann, *Gewalt Überwinden Eine Dekade des Ökumenischen Rates der Kirche*, Hannover: Lutherisches Verlagshaus GmbH, 2000.

Fernando Enns (Hg.), *Dekade zur Überwindung von Gewalt 2001-2010*, Frankfurt am Main: Lembeck, 2001.

ヨハン・ガルトゥング（1991）『構造的暴力と平和』高橋先男・塩屋保・酒井由美子訳、中央大学出版部。

藤原修・岡本三夫編（2004）『いま平和とは何か』（グローバル時代の平和学1）、法律文化社。

資料Ⅰ
第二次大戦下における日本基督教団の責任についての告白

　わたくしどもは、1966年10月、第14回教団総会において、教団創立25周年を記念いたしました。今やわたくしどもの真剣な課題は「明日の教団」であります。わたくしどもは、これを主題として、教団が日本及び世界の将来に対して負っている光栄ある責任について考え、また祈りました。

　まさにこのときにおいてこそ、わたくしどもは、教団成立とそれにつづく戦時下に、教団の名において犯したあやまちを、今一度改めて自覚し、主のあわれみと隣人のゆるしを請い求めるものであります。

　わが国の政府は、そのころ戦争遂行の必要から、諸宗教団体に統合と戦争への協力を、国策として要請いたしました。

　明治初年の宣教開始以来、わが国のキリスト者の多くは、かねがね諸教派を解消して日本における一つの福音的教会を樹立したく願ってはおりましたが、当時の教会の指導者たちは、この政府の要請を契機に教会合同にふみきり、ここに教団が成立いたしました。

　わたくしどもはこの教団の成立と存続において、わたくしどもの弱さとあやまちにもかかわらず働かれる歴史の主なる神の摂理を覚え、深い感謝とともにおそれと責任を痛感するものであります。

　「世の光」「地の塩」である教会は、あの戦争に同調すべきではありませんでした。まさに国を愛する故にこそ、キリスト者の良心的判断によって、祖国の歩みに対し正しい判断をなすべきでありました。

　しかるにわたくしどもは、教団の名において、あの戦争を是認し、支持し、その勝利のために祈り努めることを、内外にむかって声明いたしました。

　まことにわたくしどもの祖国が罪を犯したとき、わたくしどもの教会もまたその罪におちいりました。わたくしどもは「見張り」の使命をないがしろにいたしました。心の深い痛みをもって、この罪を懺悔し、主にゆるしを願うとともに、世界の、ことにアジアの諸国、そこにある教会と兄弟姉妹、またわが国の同胞にこころからのゆるしを請う次第であります。

　終戦から20年余を経過し、わたくしどもの愛する祖国は、今日多くの問題をはらむ世界の中にあって、ふたたび憂慮すべき方向にむかっていることを恐れます。この時点においてわたくしどもは、教団がふたたびそのあやまちをくり返すことなく、日本と世界に負っている使命を正しく果たすことができるように、主の助けと導きを祈り求めつつ、明日にむかっての決意を表明するものであります。

1967年3月26日復活主日
日本基督教団　総会議長　鈴木正久

索　引

【聖書引証箇所索引】

旧約聖書（ヘブライ語聖書）

創世記

3 章	121
11：29	64
12：7	59
19：30-38	69
20：12	64
22：20-23	64
24：4	64
24：24	64
29：15-30	64
36：1	69

出エジプト記

1：1-5	63
12：38	64
19：3-6	62-63
20-23 章	67
20：7	59
21：24	81
22：25-26	82
23：4-5	86

レビ記

4 章	126
9 章	126
16 章	126
17-26 章	67
19 章	67
19：2	67
19：13	101

19：16	101
19：18	85, 93, 95, 96, 97, 98
19：34	98
20：10	78
23：20	15
24：20	81

申命記

7：1-8	60-61
7：5	68
12-26 章	67
17：18-20	62
19：21	81
20：4	148
22：22	78
22：22-24	78
22：23-24	78
23 章	69
23：3	68-69
23：4, 8-9	69
24：12-13	82
24：14-15	101
26：5-9	59
32：35	92, 95
32：41	92
32：43	92

士師記

19-21 章	70
19：1-2	70
19：25	70
19：29	70
20：6	70
20：10	70
20：13	70
21：1	70
21：12	70
21：23	70

列王記下

21：1-18	62
21：1-23, 30	62

22：2	……………………………	62
25：8-12	……………………………	60

エズラ記
1：1-4	……………………………	60
2：1	……………………………	63
4：1	……………………………	64-65
4：3	……………………………	64
5：13	……………………………	64
7：7	……………………………	68
7：25	……………………………	68
9-10 章	……………………………	67
9：6-15	……………………………	68
10：1	……………………………	68
10：3	……………………………	68

ネヘミヤ記
2：10	……………………………	65
3：33	……………………………	65
4：1	……………………………	65
6：1	……………………………	65
6：15	……………………………	65-66
13：3	……………………………	64
13：23-31	……………………………	68

エステル記
8：17	……………………………	66
9：3	……………………………	66

詩編
35：19	……………………………	127
78 編	……………………………	127
79：9-10	……………………………	99
94：1-7	……………………………	98
120：7	……………………………	28

箴言
3：34	……………………………	101
25：21	……………………………	86

イザヤ書
1：11	……………………………	126
1：23	……………………………	101
2：2-4	……………………………	66
5：8-9（七十人訳）	……………………………	101
5：23	……………………………	101
8：11-13	……………………………	62
52：13-53：12	……………………………	66

エレミヤ書
7：22	……………………………	126
11：19-20	……………………………	99
12：3（七十人訳）	……………………………	102
15：15	……………………………	92
17：13	……………………………	78
20：12	……………………………	92
22：13	……………………………	101
25：20	……………………………	64
50：15	……………………………	92
50：37	……………………………	64
51：6	……………………………	92

エゼキエル書
22：12	……………………………	101
30：5	……………………………	64
38-39 章	……………………………	66
40-48 章	……………………………	66

ホセア書
6：6	……………………………	126, 128

ヨエル書
4：10	……………………………	148

アモス書
3：9-11	……………………………	100
5：12	……………………………	101
5：21 以下	……………………………	126

ミカ書
3：11	……………………………	101
4：1-3	……………………………	66
4：3	……………………………	148

ナホム書
1：2 ・・・・・・・・・・・・・・・・・・・・・・・・・・・ 96

マラキ書
3：5 ・・・・・・・・・・・・・・・・・・・・・・・・・・ 101

新約聖書

マタイによる福音書
5-7 章 ・・・・・・・・・・・・・・・・・・・・・・ 80, 90
5：9 ・・・・・・・・・・・・・・・・・・・・・・・ 90, 158
5：14-16 ・・・・・・・・・・・・・・・・・・・・・・・ 90
5：21-48 ・・・・・・・・・・・・・・・・・・・・・・・ 80
5：33-34 ・・・・・・・・・・・・・・・・・・・・・・・ 90
5：38 ・・・・・・・・・・・・・・・・・・・・・・・・・ 14
5：38-39a ・・・・・・・・・・・・・・・・・・・・・・ 81
5：38-42 ・・・・・・・・・・・・・・・ 76, 80, 81, 88
5：39-42 ・・・・・・・・・・・・・・・・・・・・・・・ 90
5：39a ・・・・・・・・・・・・・・・・・・・・・・ 81, 83
5：39b ・・・・・・・・・・・・・・・・・・・・・ 82, 148
5：39b-41 ・・・・・・・・・・・・・・・・・・・ 81, 82
5：40 ・・・・・・・・・・・・・・・・・・・・・・・・・ 82
5：41 ・・・・・・・・・・・・・・・・・・・・・・・・・ 82
5：42 ・・・・・・・・・・・・・・・・・・・・・・・ 81, 82
5：43 ・・・・・・・・・・・・・・・・・・・・・・・・ 129
5：43-44 ・・・・・・・・・・・・・・・・・・・・・・・ 85
5：43-48 ・・・・・・・・・・・・・・・ 76, 80, 84-85, 88
5：44 ・・・・・・・・・・・・・・・・・・・・・ 14, 85, 93
5：45 ・・・・・・・・・・・・・・・・・・・・・・・・・ 86
5：45-47 ・・・・・・・・・・・・・・・・・・・・・・・ 85
5：46-47 ・・・・・・・・・・・・・・・・・・・・・・・ 86
5：48 ・・・・・・・・・・・・・・・・・・・・・・・ 85, 86
6：52 ・・・・・・・・・・・・・・・・・・・・・・・・・ 14
7：3 ・・・・・・・・・・・・・・・・・・・・・・・・・ 159
9：13 ・・・・・・・・・・・・・・・・・・・・・・・・ 128
13：35 ・・・・・・・・・・・・・・・・・・・・・・・ 127
20：2 ・・・・・・・・・・・・・・・・・・・・・・・・ 104
22：39 ・・・・・・・・・・・・・・・・・・・・・・・・ 86
23：29, 31 ・・・・・・・・・・・・・・・・・・・・・ 127
26：52 ・・・・・・・・・・・・・・・・・・・・・ 76, 90
26：67 ・・・・・・・・・・・・・・・・・・・・・・・・ 84
27：31, 35 ・・・・・・・・・・・・・・・・・・・・・・ 84

マルコによる福音書
3：18 ・・・・・・・・・・・・・・・・・・・・・・・・・ 76
10：1-12 ・・・・・・・・・・・・・・・・・・・・・・・ 94

ルカによる福音書
6：27-36 ・・・・・・・・・・・・・・・・・・・・・・・ 80
6：28 ・・・・・・・・・・・・・・・・・・・・・・・・・ 93
6：29 ・・・・・・・・・・・・・・・・・・・・・・・・・ 14
6：29b ・・・・・・・・・・・・・・・・・・・・・・・・ 82
10：25-37 ・・・・・・・・・・・・・・・・・・・・・・ 98
11：50 ・・・・・・・・・・・・・・・・・・・・・・・ 127
22：34 ・・・・・・・・・・・・・・・・・・・・・・・・ 86
22：36 ・・・・・・・・・・・・・・・・・・・・・・・ 148

ヨハネによる福音書
7：53-8：11 ・・・・・・・・・・・・・・・・・・・・・ 77
8 章 ・・・・・・・・・・・・・・・・・・・・・・・・・ 76
8：1-11 ・・・・・・・・・・・・・・・・・・・・・ 76-77
8：2 ・・・・・・・・・・・・・・・・・・・・・・・・・ 78
8：3-5 ・・・・・・・・・・・・・・・・・・・・・・・・ 78
8：6a ・・・・・・・・・・・・・・・・・・・・・・・・ 78
8：6b ・・・・・・・・・・・・・・・・・・・・・・・・ 78
8：7-8 ・・・・・・・・・・・・・・・・・・・・・・・・ 79
8：9 ・・・・・・・・・・・・・・・・・・・・・・・・・ 79
8：10-11 ・・・・・・・・・・・・・・・・・・・・・・ 79
15：25 ・・・・・・・・・・・・・・・・・・・・・・・ 127

使徒言行録
5：37 ・・・・・・・・・・・・・・・・・・・・・・・・・ 76
7：60 ・・・・・・・・・・・・・・・・・・・・・・・・・ 86

ローマの信徒への手紙
12：9-13 ・・・・・・・・・・・・・・・・・・・・・・・ 93
12：9-21 ・・・・・・・・・・・・・・ 91-92, 93, 97, 98
12：10 ・・・・・・・・・・・・・・・・・・・・・・・・ 97
12：14 ・・・・・・・・・・・・・・・・・・・・・・ 86, 93
12：14-21 ・・・・・・・・・・・・・・・・・・・・・・ 93
12：15 ・・・・・・・・・・・・・・・・・・・・・・・ 159
12：19 ・・・・・・・・・・・・ 91, 93, 95, 98, 107, 112,
12：21 ・・・・・・・・・・・・・・・・・・・・・・・・ 98

13：1-7	97
13：4	28
13：8-10	97
13：10	97

コリントの信徒への手紙一

8：10	94

ガラテヤの信徒への手紙

1：19	99

コロサイの信徒への手紙

1：19-20	91
1：21-22	91
1：22	91

ヘブライ人への手紙

9章	126
9：12	128
10：29-31	95
10：30	95

ヤコブの手紙

4：6	101
5：1-6	99-100
5：2	100
5：2-3	101
5：4	101
5：5	101
5：6	101

ペテロの手紙一

3：8-9	93, 93-94

ヨハネの黙示録

1-3章	102
4-5章	102
4-22章	102
4：6	102
5章	105
6-8章	102-103
6：5-6	103
6：9-11	104
6：10	106-107
6：15	103
8-11章	104
11：15以下	104
12章以下	105
14：8	105
18章	105
18：1-13	105-106
18：2, 10, 21	105
18：6	106
18：13	106
19-20章	107
19：1-2	106
20：4-6	107
20：11-15	107
21-22章	107

その他の文書

エチオピア語エノク書

94：8	100
94：8-9	100

十二族長の遺訓

ガドの遺訓 6：1-7	96
ベニヤミンの遺訓 4：2-3	97
4：3	98
ヨセフの遺訓 18：2	96-97

ポリュカルポスの手紙

12：3	94

十二使徒の教訓

1：3	94

【人名索引】

あ

アーデルマン, ケン	23
アウグスチヌス	13, 15
アナン	32
アブラハム	58-59, 64, 67, 69
アベル	126
アマテラス	38
天照大神	43
荒井献	93
アリストテレス	121
アン・ジュンクン（安重根）	43

い

イ・スンマン（李承晩）	46
井伊直弼	36
イエシュア	64
イサク	64
石田虎松	37
伊藤博文	43

う

ウィルソン（大統領）	51
ウィンカー, ジム	28
ウォーラースタイン, イマニュエル	24
梅原猛	38
うらき（夫人）	37

え

エサウ	69
エズラ	68
エチュガレイ	27
エバ	121
エピクテートス	86
エリクソン, E・H	137

エレミヤ	101

お

オイディプス王	118, 124
大江志乃夫	37, 44, 52, 53
大江一二三	52
オオクニヌシ	38
大村益次郎	37
岡本三夫	151
オブライエン, エドウィン	27

か

カイン	126
カルヴァン, ジャン（主義）	16, 24
ガルトゥング, ヨハン	150, 153
ガンジー, M	87

き

キケロ	103
キッシンジャー, ヘンリー	24
木下半治	134
木下道雄	46
キム・ギョンソク（金景錫）	36
キュロス	64
レオ10世（教皇）	15
キング, マルティン・ルーサー Jr.	87, 88, 149

く

楠正成	40
グルー	45
グレゴリー, ウィルトン	27

け

ケナン, ジョージ	32
ケリー, ジョン	30

こ

小泉（純一郎） 35, 36, 38, 49, 50
孝明天皇 36
コーエン，ウイリアム・S 23
小松宮嘉彰 37
ゴルトン，F 140

さ

作田啓一 122
佐藤研 100

し

シモンズ，メノー 149
蒋介石 46
昭和（裕仁）天皇 46
ジョンソン，J・T 13
ジラール，ルネ 120-130

す

スキュブラ，L 125
スコウクロフト，ブレント 23
鈴木孝雄 41, 42
スタンダール 122
スペンサー，ハーバード 140
スミス，W・ロバートソン 117-118
スロントヴァイト 68

せ

芹沢俊介 136, 137
ゼルバベル 64
セルバンテス，M・デ 122

そ

ソポクレス 118
ソレル，G 134, 135
ソロモン 62

た

ダーウィン，C 120, 139, 140
田川（建三） 104
ダスクル，トム 29
ダビデ 62

ち

チェイニー，ディック 22, 28

て

デュルケーム，エミール 116-118

と

徳川家康 40
ドストエフスキー，F・M 122
トマス・アクィナス 15
富田満 35
トルストイ 87
ドルファー（団長） 30
豊臣秀吉 40

な

中曽根（内閣） 38
夏目漱石 122

に

ニクソン（政権） 24
仁科弥生 137
ニニギ 38

ね

ネブカドネツァル 63

索引 167

の

ノ・ムヒョン（盧武鉉） ………… 35
ノート，M ……………………… 62
野中（広務） …………………… 49
野村修 …………………………… 135

は

パウエル ………………………… 30
パウロ …………………… 93-95, 97
バード，ロバート・C …………… 25
パール，リチャード ……………… 26
橋本文夫 ………………………… 138
ハマン …………………………… 66
ハリディ，デニス ………………… 26
ハル，コーデル …………………… 45
バルフォア（宣言） ……………… 58
ハンシンガー，ジョージ …… 25, 29

ひ

ヒトラー，アドルフ ……… 13, 140, 141
ビン・ラディン，ウサマ ………… 11

ふ

藤野豊 …………………………… 142
藤原修 …………………………… 151
フセイン，サダム（政権、大統領）
  …………… 11, 19, 22, 28, 29, 30
ブッシュ，ジョージ・W
  …………… 11, 12, 22, 24-28, 30, 90,
  91, 109-112, 144
プルースト，M ………………… 122
ブレア（政権、首相、英首相） … 25, 27
フレイザー，J・G ……………… 117
フレリスク，ルドルフ ………… 138
フロイト，ジグムント ……… 118-120
フロベール，G ………………… 122

へ

ペトロ岡田武夫 ………………… 91
ペラギウス（派） ………………… 15
ベンヤミン，W ………………… 135

ほ

ホセア …………………………… 128
ボンヘッファー，ディートリッヒ … 13

ま

マザー・テレサ ………………… 149
マニ（教） ………………………… 15

む

武者小路公秀 …………… 151, 157
ムハンマド ……………………… 115
村上勇 …………………………… 48

め

明治天皇 ………………… 39, 41, 43

も

モース，M ……………………… 118
モーセ …………………… 62, 77, 78, 80

や

ヤコブ（ヘブライ語聖書の登場人物）
  ……………………… 62-64, 69, 96, 98
ヤハウェ …………… 59, 60, 62, 65, 68

よ

吉岡美国 ………………………… 39
吉田茂 …………………………… 46
ヨシヤ …………………………… 62

| ヨセフ | 126 |
| ヨハネ・パウロ2世（教皇） | 27 |

ら

ライス，コンドリーサ	22
ラート，G・フォン	60
ラバン	64
ラムズフェルド	31

り

| リター，スコット | 23 |

る

| ルーズベルト | 43 |
| ルター，マルティン | 15, 16 |

ろ

| ロト | 69 |

暴力を考える キリスト教の視点から

2005 年 3 月 31 日初版第一刷発行

編著者　前島宗甫
　　　　関西学院大学共同研究「暴力とキリスト教」研究会

発行者　山本栄一
発行所　関西学院大学出版会
所在地　〒662-0891　兵庫県西宮市上ケ原一番町 1-155
電　話　0798-53-5233

印　刷　大和出版印刷株式会社

©2005 Munetoshi Maejima
Printed in Japan by Kwansei Gakuin University Press
ISBN 4-907654-71-5
乱丁・落丁本はお取り替えいたします。
http://www.kwansei.ac.jp/press

※本書は、2003 年度関西学院大学共同研究（特定研究）の成果によるものである。